INTELLIGENZA ESTETICA

UNA GUIDA COMPLETA PER AIUTARE I BUSINESS LEADER A COSTRUIRE IL LORO BUSINESS NEL LORO MODO AUTENTICO E DISTINTIVO

Alberto Pinguelli

1

INDICE DEI CONTENUTI

<u>CAPITOLO 4</u>

<u>PROGETTATO PER DURARE</u>

CAPITOLO 8

ARTICOLAZIONE DELL'ARTE

CAPITOLO 9

IL FUTURO DELL'ESTETICA

- ➤ **LA CRISI AMBIENTALE**
- ➤ **L'ESPANSIONE DIGITALE E L'ESPERIENZA TATTILE**
- ➤ **SECESSIONE TRIBALE**
- ➤ **LINEE SFOCATE**

Inoltre, le informazioni contenute nelle pagine seguenti sono intese solo a scopo informativo e devono quindi essere considerate come universali. Come si addice alla sua natura, sono presentate senza garanzia della loro validità prolungata o della loro qualità provvisoria. I marchi di fabbrica che sono menzionati sono fatti senza consenso scritto e non possono in alcun modo essere considerati un'approvazione da parte del titolare del marchio.

CAPITOLO 1

IL VANTAGGIO ESTETICO

Il termine estetica è solitamente usato per descrivere l'aspetto delle cose. Nel business, questo significa design di prodotti e imballaggi, immagine del marchio e identità aziendale. Tuttavia, questa parola è molto più utile se si vuole il significato completo ben oltre l'eleganza visiva. L'estetica è il piacere di tutti noi di percepire oggetti ed esperienze attraverso i nostri sensi. Intelligenza estetica Un altro termine a cui torniamo è la capacità di capire, interpretare e articolare le emozioni causate da un particolare oggetto o esperienza.

Le aziende estetiche usano tipicamente tutti e cinque i sensi e forniscono prodotti o servizi che sono comodi da comprare e consumare. In cambio, i consumatori non amano pagare un premio per il beneficio di questi prodotti e servizi. Tuttavia, possono vedere, assaporare, gustare, odorare, sentire (suono), e somatosensoriale (tattile) Preferenza per il piacere delle sensazioni tra cui. Le dichiarazioni estetiche cambiano la motivazione del consumatore da funzionale e transazionale a orientata all'esperienza, ambiziosa e memorabile. Per le aziende, questo significa una maggiore domanda per i loro prodotti, una maggiore fedeltà dei clienti e un valore più alto per i loro azionisti.

In un mondo in cui le persone desiderano meno, bramano esperienze più ricche e significative, e hanno una forza di mercato senza precedenti per ottenere ciò che vogliono, il valore estetico del prodotto o servizio di un'azienda è essenziale per il suo successo a lungo termine. Manager, imprenditori e altri professionisti possono sfruttare il potere dell'estetica imparando a identificarla e applicarla ai loro interessi commerciali. Questa capacità critica è chiamata intelligenza estetica. Si vince quando le aziende coinvolgono i consumatori a livello artistico. In passato, i settori non di lusso che si sono concentrati su dimensioni, efficienza e innovazione stanno erodendo il valore della finanza e dei consumatori rifiutando, fraintendendo o sottovalutando l'estetica.

A differenza del design thinking, che si concentra sul processo di risoluzione dei problemi e sulle strategie basate sulle soluzioni, il valore dell'estetica aziendale è quello di migliorare lo spirito umano attraverso esperienze sensoriali e deliziare l'opportunità di evocare l'immaginazione. Quando è fatta bene, porta benefici sia alle aziende che ai clienti. Recentemente, e per il futuro prevedibile con il denaro. I computer possono risolvere problemi sempre più funzionali. Non si possono e non si troveranno nuovi modi significativi per riconnettersi con la nostra umanità. Automatizzare la società significa che le macchine eseguono oggi e sempre più compiti come l'analisi, l'acquisizione e l'interpretazione dei dati, così come le attività e i compiti fisici quotidiani. Tuttavia, le persone hanno bisogno di applicare i loro talenti e le loro abilità ad attività in cui la tecnologia non può essere rapidamente ed economicamente superata. Questo include la capacità di creare arte, creare bellezza e stabilire connessioni profonde con gli esseri umani. Questi sono i luoghi dove possiamo andare oltre i computer.

Il CEO in pensione di Google, osserva, speriamo di avere successo in futuro, e osserviamo questa separazione di potere e, quando necessario, rendiamo possibile il funzionamento dei computer mentre ci specializziamo nel fare del nostro meglio. Bisogna imparare. Quando si cerca di mitigare gli effetti negativi della sovrapproduzione e dello sviluppo industriale, la qualità, l'importanza, la bellezza e la durata dei beni devono essere più importanti del prezzo, dell'accessibilità e della disponibilità. Lo sviluppo di standard e strategie estetiche è essenziale per la sostenibilità economica e sociale di tutte le persone e le imprese.

È POSSIBILE IMPARARE L'ESTETICA

Per gestire un'azienda artistica, i manager devono adattarsi non solo alla loro estetica e ai loro valori, ma anche ai sensi e ai valori dei loro clienti. Gli studi dimostrano che il sentimento e il pensiero non analitico influenzano circa l'85% delle decisioni di acquisto. Tuttavia, i marketer di solito concentrano i loro sforzi sul restante 15% della decisione di acquisto, che è una valutazione ragionevole della funzionalità.

Il valore dell'estetica aziendale inizia in cima all'AI del leader, ma dipende anche dalla capacità del leader di costruire, sostenere e mantenere la giusta organizzazione e cultura intorno a questa posizione estetica. Ognuno nasce con più capacità artistiche di quelle che usa. Certo, i musicisti Bob Dylan ascoltano straordinariamente il suono e il ritmo, o gli chef

Wolfgang Puck hanno la leggendaria capacità di armonizzare sapori, consistenze e gusti, e chi è naturalmente favorito. Alcuni hanno talento. Ma persone come Dylan e Puck hanno anche bisogno di migliorare ulteriormente le loro abilità e sviluppare stili per rimanere attivi e rilevanti nel loro campo, in modo che il loro vantaggio estetico non vada perso. Hanno anche bisogno di adattarsi al cambiamento delle preferenze sul mercato più ampio e modificare o ottimizzare le espressioni individuali nel tempo.

Dopo tutto, anche i classici devono essere modernizzati per rimanere rilevanti. Per esempio, il marchio Louis Vuitton, l'era del piroscafo cresciuto nella prima ondata di viaggi globali, potrebbe essere morto su un piroscafo dopo la seconda guerra mondiale. Eppure, il marchio è più prezioso, influente e rilevante di prima. Come ha fatto? Ottenendo la giusta antitesi tra eredità e resurrezione, in questi tempi di rapido cambiamento, i valori della tradizione e del patrimonio sono ancora più critici. Tuttavia, i marchi non devono essere conservati e presentati ai musei come opere d'arte. Devono essere ancora utili e utili. I marketer devono prendersi il tempo per capire quali aspetti del patrimonio del marchio sono ancora rilevanti e quali sono semplicemente di interesse storico. Vuitton, un produttore di valigie francese, ha introdotto un baule a fondo piatto (impilabile) fatto di tela (relativamente leggero) e a tenuta stagna (protetto dai danni delle inondazioni) a metà del 19° secolo. Si trattava di un'innovazione utile ed essenziale per i viaggiatori nell'era delle navi a vapore.

L'idea di portare un bagaglio grande e rigido nel 21° secolo non si adatta bene ai viaggi moderni. Ma il fascino del viaggio intorno al mondo non è mai stato così eccitante. Louis Vuitton ha un riferimento robusto, attuale e coerente ai viaggi in tutto il mondo, tra cui le foto delle campagne pubblicitarie, i motivi dei negozi, le mostre pop ornate e i curatissimi Voguez e Voyagez, che lo rendono un grande marchio Mantenere la rilevanza. Segue l'avventura [del marchio] dal 1854 ad oggi. Tuttavia, tutti questi prodotti sono leggeri e compatti, il che li rende idealmente dimensionati per i contenitori aerei sopraelevati. Altre aziende chiave, come Apple, Walt Disney Company, Adidas e Starbucks, stanno tutte migliorando ulteriormente la loro eccezionale qualità estetica e aumentando la loro desiderabilità facendo attenzione all'eredità e ai codici del marchio. Nessuna è stagnante.

Queste aziende hanno prodotti simili ai loro concorrenti. Gli smartphone Apple hanno la stessa potenza di calcolo di quelli Samsung. Airbnb, Marriott e Craigslist offrono ai viaggiatori un servizio di alloggio competitivo. L'estetica è una discriminazione. Ecco perché alcuni clienti sono disposti a fare la fila per pagare più di 1.000 dollari per l'iPhone X o fare un deposito di 1.000 dollari per essere in lista d'attesa per l'acquisto di Tesla. L'estetica spiega perché Airbnb è di gran lunga il più grande mercato per le case vacanza, con sia il più grande gruppo alberghiero del mondo che l'affermata società Internet che è stata leader del mercato per 20 anni. L'estetica dell'esperienza di prenotazione è intuitiva e attraente. L'aspetto del sito web è pulito, elegante e inerente alla funzionalità. Non più di tre clic dalla prenotazione. Più critico dell'usabilità è un sito web che aiuta le persone e le incoraggia a sognare.

L'ultimo punto sul processo di sviluppo e utilizzo dell'intelligenza estetica è quello che chiamiamo empatia artistica: man mano che l'IA comincia a stabilire la sua sensibilità estetica, richiede la più profonda comprensione e rispetto possibile per la sensibilità degli altri. E, a differenza della nostra, riflette meglio il mercato. Il fatto che ci siano vari tipi di buon gusto non significa che non ci sia cattivo gusto. "Conoscere la differenza tra buoni e cattivi gusti ed essere sensibili ai buoni sentimenti (cioè l'empatia estetica) degli altri, immagina e predice chi risponderà (o non risponderà) al tuo prodotto o servizio Uno strumento prezioso per come.

Capire come l'estetica può aiutare il vostro business e come usarla in modo efficace e affidabile può aumentare drasticamente le vostre possibilità di sopravvivenza e longevità. Come primo esempio, considerate Veuve Clicquot, uno dei marchi di champagne più famosi al mondo. Un uomo d'affari francese all'inizio del 19° secolo, divenne noto come la Grande Sala dello Champagne grazie alle innovazioni nell'espressione estetica dello champagne. Nel 1798 sposò François Clicquot, il figlio del fondatore della Maison Clicquot. François condivise con la moglie la passione e la conoscenza dello champagne. Quando divenne vedova all'età di 27 anni nel 1805, fu in grado di gestire un'attività. Il business continuò a prosperare sotto la sua guida.

Madam Clicquot non solo ha salvato l'azienda di famiglia ma l'ha migliorata sviluppando una nuova tecnica di produzione chiamata puzzles che ha migliorato drasticamente il gusto e l'appeal visivo dello champagne. Ha sviluppato un metodo per combattere l'aspetto sgradevole dei sedimenti depositati sul fondo della bottiglia. Questa tecnica è ancora oggi utilizzata dai viticoltori. Madame Clicquot ha anche innovato la prima miscela di champagne rosa. Lo champagne rosa è un rosa affascinante che è popolare per i matrimoni e le occasioni speciali in tutto il mondo. L'etichetta giallo-gialla, una firma di Clicquot dal 1772, è un potente marcatore visivo della tradizione e della personalità del marchio. Madame Clicquot ha usato la sua intelligenza estetica per migliorare i prodotti esistenti, crearne di speciali e renderli senza tempo. Il potere di una solida strategia artistica ha costruito la sua azienda come uno dei marchi di champagne più importanti del mondo. Tuttavia, la signora Clicquot non è nata con la conoscenza dell'industria del vino e non è andata all'università per studiare design. Invece, ha visto con suo marito e ha imparato a fidarsi del suo istinto su ciò che era giusto del prodotto e su ciò che sarebbe stato meglio. Qui, il libro inizia con l'idea che si può imparare l'AI.

Lo storico dell'arte Maxwell L. Anderson afferma che, come ha dimostrato Madame Clicquot, lo sviluppo dell'IA non richiede una formazione formale o la crescita in un ambiente sofisticato, ma certamente ne fornisce le basi. Pretendere di essere utile. Secondo il dottor Anderson è un'abilità che chiunque può sviluppare. Se si è appassionati di cucina, si può avere un istinto sofisticato per il cibo di qualità. Il ciclista porta lo stesso rigore al suo giudizio sulle biciclette-oil e i pittori acrilici di certe marche. Secondo Anderson, dovrebbero essere in grado di trasferire queste abilità e sviluppare il loro giudizio di arte e design. Gli utensili da cucina Le Creuset, preferiti dagli chef, seguono gli stessi principi di eccellenza artigianale di altri beni di lusso. Imparare a riconoscere e utilizzare questa capacità per distinguere tra la realizzazione di oggetti ed esperienze divertenti in altri settori. Questo è il primo passo per favorire l'IA. La pratica porta alla lucidatura. Una volta riconosciuta la qualità, resisti all'impulso di copiare gli altri. L'autenticità e l'originalità sono essenziali per risultati estetici a lungo termine, specialmente nel business. I marchi di fast fashion possono creare modelli, stili e silhouette simili agli ambiti articoli di stilisti di fascia alta, ma il valore di queste repliche diminuisce ad ogni usura. Come le auto nuove, gli sconti hanno poco valore di rivendita. Le borse Helms Birkin, d'altra parte, sono spesso messe all'asta a prezzi molto più alti del prezzo di vendita originale.

Portate le persone creative e visionarie nella suite esecutiva, date loro lo stesso posto al tavolo e date loro la possibilità di fare del loro meglio. Non giustificare tutte le decisioni con calcoli finanziari. Per uomini d'affari come David Rubenstein, essere circondato da persone esteticamente intelligenti è particolarmente importante. Data la sua posizione, potrebbe non avere bisogno di avere un forte senso estetico lui stesso. Il valore estetico non si limita alle aziende orientate al design in settori come la bellezza e la moda. Creare connessioni tra le persone è un compito complesso e ha implicazioni di vasta portata. Può essere fatto attraverso l'estetica. Si spera che porti a un'esperienza di marca più lussuosa. È responsabilità del creatore armonizzare i suoi pensieri con motivi che valgono la pena di essere vissuti personalmente in profondità. I consumatori moderni che non sono più interessati all'accumulo di beni materiali cercano profondità e significato. Ecco perché un marchio tollerabile ha senso, è emotivo e ispira l'immaginazione. I suoi driver vanno ben oltre la motivazione commerciale. Si sforzano di unire e deliziare le generazioni che sono colpite dai loro prodotti e servizi. Le aziende esteticamente produttive devono essere costruite su una base luminosa e stabile. In definitiva, sfida, responsabilizza e attrae i clienti. Non c'è bisogno di vedere o trattare i tuoi clienti solo per consumarli, ma alla fine, vuoi sentirti vivo.

CAPITOLO 2

SENSI

Come menzionato in questo libro, circa l'85% delle decisioni di acquisto dei consumatori dipendono da come si sentono riguardo al prodotto o al servizio (piacere estetico). Solo il 15% si basa su una valutazione cosciente e razionale delle caratteristiche e delle funzioni del prodotto. Ironia della sorte, i marketer sono concentrati fino al 100% sullo sviluppo, la costruzione e la promozione delle caratteristiche del prodotto. Finché la merce o la cooperazione funziona, le aziende che stimolano i sensi e trovano il modo di creare connessioni associative o emotive hanno un valore a lungo termine.

CREATIVITÀ E PSICOLOGIA DELLA SENSAZIONE

Le sensazioni sono accessibili attraverso una serie di attività biologiche e neurologiche che sono percepite e identificate dal cervello e poi rispondono a ricordi rilevanti che ricordano persone, luoghi o eventi. La nostra estetica dipende fortemente da come interpretiamo le esperienze sensoriali. Non è un luogo comune, soprattutto quando si creano lezioni e momenti che coinvolgono le persone.

Il suono raggiunge prima il cervello facendo vibrare il timpano verso il canale uditivo. La vibrazione viene trasmessa alla mucca co attraverso gli ossicini. A causa dell'onda del suono, il liquido nella mucca si muove e le cellule ciliate si piegano. Le cellule ciliate generano segnali nervosi che il nervo uditivo raccoglie. Le cellule ciliate a un'estremità della mucca trasmettono informazioni sui suoni bassi, e le cellule ciliate all'altra estremità comunicano dettagli sui suoni alti. Il nervo uditivo invia segnali al cervello. Nella mente, i segnali sono interpretati come forti o morbidi, calmanti o abrasivi. Gli esseri umani rispondono a certi suoni. Il suono del martello pneumatico è fastidioso e irritante, ti costringe a chiudere le finestre e a pulsare dall'altra parte della strada. Tuttavia, il suono di un bambino che piange è intollerabile, idealmente piange con la fonte del suono. Trovate un bambino comodo. L'esclusione dei cani è vista come una nota, e ridere ci dice di rilassarci e prendere parte al divertimento.

L'odore è un processo chimico, e i nostri recettori nasali e nervi identificano le sostanze chimiche nell'ambiente, che possono essere benigne, confortevoli o repellenti. Il nostro senso dell'olfatto si riferisce anche al bulbo olfattivo, una delle strutture del sistema limbico, la parte vecchia del cervello umano. La nostra comprensione dell'olfatto è radicata nella parte naturale del cervello, parte del meccanismo di sopravvivenza. L'olfatto non è collegato dal talamo, che integra tutte le altre informazioni sensoriali. L'odore viene inviato direttamente all'amigdala e all'ipotalamo. Nessuno dei nostri altri sensi ha una connessione così diretta con l'area del cervello responsabile dell'elaborazione delle emozioni, dell'apprendimento associativo e della memoria. Il profumo dell'erba appena tagliata ricorda l'inizio dell'estate. Gli agrumi, specialmente i limoni, rappresentano la pulizia. Il pino ci ricorda una festosa vacanza invernale. Come mostrano i risultati, tutte e tre le fragranze ci rendono felici. Gli aromi di caffè possono aiutare a risolvere meglio i problemi analitici.

Il tatto fa parte del sistema somatosensoriale e di una rete estesa e diversificata di recettori e centri di elaborazione che aiutano a percepire le sensazioni piacevoli, le temperature e il dolore che vengono elaborati nel lobo parietale della corteccia cerebrale. Questi recettori sensoriali coprono la pelle e l'epitelio, i muscoli scheletrici, le ossa e le articolazioni, gli organi interni e persino il sistema cardiovascolare. Il cashmere trasmette una sensazione di comfort lussuoso. Il gusto rinfrescante della foglia di percalle a trama fitta trasmette un senso di eleganza e ordine. I tavoli in rovere grezzo trasmettono una sensazione di forza e durevolezza.

La vista è il senso predominante dell'era post-industriale, in cui la percezione visiva consiste nel percepire la luce, il colore, la forma, il movimento e tutto il resto del nostro ambiente. Naturalmente, ciò che vediamo viene interpretato nel cervello, ma specifici colori e configurazioni possono manipolarlo. In occidente, il rosso spesso significa fermo, sangue o sesso. Il giallo significa felicità e sole. Il bianco significa purezza e pulizia. E il verde significa freschezza e natura.

Il gusto o sapore è la capacità di riconoscere la sensazione di una sostanza. Nell'uomo (e in altri vertebrati) il gusto ha spesso un odore meno percepito della percezione del sapore nel cervello. È una funzione del sistema nervoso centrale. I nostri recettori del gusto si trovano sulla superficie della lingua, del palato molle, della faringe e dell'epiglottide. Tradizionalmente abbiamo definito quattro sensazioni gustative primarie: dolce, salato, acido e amaro. La quinta sensazione, chiamata Umami, è una nuova sensazione che è stata aggiunta alle quattro tradizionali. Il gusto dolce è legato al divertimento e al godimento (gelato, cioccolato), il sapore al calore e al comfort (pasta fatta in casa, pollo arrosto, zuppa di verdure), alla forza e all'Umami (parmigiano, pomodori, funghi, manzo).

L'INFLUENZA DI HALO

Il piacere estetico è la profonda soddisfazione o il piacere provato quando una sensazione (almeno tre delle cinque sono vittoriose) è sveglia, riguardante un particolare prodotto, una specifica marca, un particolare servizio, o una specifica esperienza. È interessante notare che questa forma di piacere consuma non solo un prodotto o un servizio, ma anche la stessa memoria che evoca un senso quando lo maneggiamo, a causa della combinazione di aspettativa e ricordo di esperienza utilizzando il prodotto o servizio. Trattare gli elementi sensoriali del prodotto che si può godere. Gli studi dimostrano che circa il 50% del piacere del consumatore è legato alle aspettative e ai ricordi (il resto delle esperienze sensoriali passate). L'altro cinquanta per cento è associato all'esperienza diretta (i cinque sensi lavorano insieme e tengono occupate le persone in questo momento).

Anche se non spiega come una società può diffondere il successo finanziario di un'azienda, l'esperienza è un continuum che include la memoria del protagonista, lo sfondo, e ciò che informa ripetutamente il punto. L'esempio originale è la nascita. Le aspettative stimolanti del bambino e il ricordo di quanto meraviglioso fosse il neonato e il suo odore spesso contrastano con il dolore intollerabile della contrazione durante il parto effettivo. Questo dolore può essere perdonato quando si raggiungono ricordi lontani o quando arriva il secondo bambino e l'eccitazione e le aspettative aumentano di nuovo. Ricordati di fare un pasto delizioso. Mangiare è divertente, ma ricordare il giorno dopo fa parte dell'esperienza, e pensare e pianificare di mangiare nello stesso ristorante in futuro. Lo stesso vale per le montagne russe. Non solo il brivido di uscire, ma anche la connessione a carnevali e parchi con la famiglia e gli amici, il ricordo delle sensazioni quando abbiamo colpito il camion su e giù è significativo,

I viaggi in famiglia a Disney World sono un altro ottimo esempio dell'effetto alone. L'esperienza di essere in un parco a tema è generalmente piacevole, ma non è senza i suoi inconvenienti, come le condizioni insopportabilmente caldo e umido di Orlando. Le lunghe linee affilate che portano ai viaggi più popolari, soprattutto nelle ore di punta. L'alto costo dei pasti sul posto. Tuttavia, quando si chiede di spiegare la vacanza a Disney, la maggior parte di noi pensa al sorriso sul volto di un bambino, all'emozione di abbracciare Topolino, alla magia di vedere una principessa passeggiare nel suo regno, e al colorato e divertente intrattenimento Flood. Mentre le famiglie si preparano per la loro prossima vacanza a Disney World, siamo sempre più entusiasti di sperimentare le ultime giostre e incontrare gli ultimi personaggi. Basta ricordare i piaceri, che hai avuto dalla tua ultima visita, non è il caldo straziante di Orlando o la monotonia di aspettare l'Astro Orbiter per girare. Disney World offre un'esperienza così magica e indimenticabile, permettendo alle persone di essere coinvolte in tutti i sensi e le emozioni. Sette Altre esperienze di consumo possono offrire opportunità altrettanto coinvolgenti essendo in grado di vedere, sentire, ascoltare, gustare e annusare cose profondamente personali. Il territorio personale ha dei benefici. I parchi a tema (e le aziende) sono significativi, ma le lezioni impartite da Disney World vanno oltre la scala. Disney ha trovato un modo per scoprire il marchio e spogliare quello strato per i clienti conosciuti come ospiti.

Purtroppo, l'effetto alone non tiene conto dell'esperienza del cliente dall'inizio alla fine, quindi le aziende sbagliano sempre. Per esempio, i negozi di abbigliamento e le boutique ti accolgono e rendono l'ingresso confortevole e attraente. Un commesso può aiutarmi senza essere obbediente. Tuttavia, pagare gli articoli può essere una seccatura, e le consegne che anche i grandi magazzini di fascia alta sono percepiti come rossi e indifferenti possono lasciare ricordi sgradevoli o perlomeno non invadenti. I rivenditori, in particolare, possono rendere l'esperienza di shopping più piacevole, eccitante e memorabile.

Il tradizionale negozio al dettaglio non è morto ma perso. Sono boilerplate e peggio ancora sono indimenticabili. Come possono i negozianti impressionare meglio i loro clienti, preferibilmente in modo molto positivo? Per cominciare, i dipendenti possono salutarli e salutarli quando entrano nel negozio. Possono inviare note scritte a mano ai clienti migliori e mostrare la loro attenzione e apprezzamento. Anche se tali sforzi possono sembrare banali, non sottovalutate l'impatto dei record personali sulle persone. Una ricerca condotta presso l'Università del Texas ha scoperto che coloro che venivano riconosciuti si sentivano molto più felici di quanto i ricercatori si aspettassero. In media, i partecipanti allo studio hanno impiegato meno di 5 minuti per scrivere una lettera. I rivenditori possono anche includere piccoli regali che non sono venduti nei negozi ma sono complementari e originali al momento dell'acquisto. B. Campioni di profumo, potpourri o dolciumi. Le persone chiamano e ringraziano anche i clienti con nomi che sono facilmente reperibili sulle carte di credito e pretendono di ricordare i nomi di quelli che ritornano. Questi gesti sono fluidi e praticamente poco costosi.

Bite Beauty chiama il negozio un laboratorio di rossetti, e i negozi di New York, Los Angeles, San Francisco e Toronto esemplificano un aspetto pulito ed elegante da laboratorio pur essendo alla moda e confortevole. Con un lungo bancone lucido, si può alzare la sedia mentre si permette ai tecnici di creare insieme dei colori personalizzati. L'acquisto di un rossetto è personale e unico. Questo è in contrasto con molte esperienze di shopping in cui le persone si sentono abbandonate nei grandi negozi o ignorate da personale inesperto e indifferente. Non solo per il potere d'acquisto ma anche per la personalità, i venditori devono ripensare al loro ritorno a un servizio cortese in cui sono genuinamente interessati ai loro clienti. La tecnologia [del commercio al dettaglio] di successo non lascia indietro le persone o aumenta l'efficienza, ma facilita le transazioni e facilita l'interazione da persona a persona. Questa connessione può essere ottenuta trattando i sentimenti. Bite trasforma quello che è un prodotto di bellezza essenziale e quotidiano per molti in un'esperienza creativa e interattiva migliorata dal design del negozio, dall'illuminazione, dall'atmosfera e dal personale.

La gente ama particolarmente lo shopping nel negozio di profumi Joe Malone perché è sensoriale e tutto sembra speciale. I venditori sono ben preparati e parlano delle fragranze in modo professionale e generoso. Gli acquirenti sono incoraggiati a provare tutti i profumi che vogliono e godersi l'esperienza di confrontare i profumi. Il punto di acquisto è la parte più eccitante di Joe Malone Travel. Quando gli articoli come i regali sono confezionati e presentati, il marchio fiorisce alla cassa. I prodotti sono accuratamente avvolti in scatole di gros grain, confezionati in lussuose shopping bag, e splendidamente consegnati. Quando arrivi a casa, apri il regalo e mettilo con orgoglio sul tuo comò o sulla tua scrivania per continuare l'esperienza.

LA FORMA DEL BUON GUSTO E DEL SUONO

Il gusto di cucinare non si manifesta con la stessa frequenza degli altri quattro sensi. Tuttavia, è essenziale per chiunque sia coinvolto nel mangiare e nel bere comprendere correttamente il gusto. Anche se il prodotto è fatto con gli ingredienti più freschi e di alta qualità, altri fattori possono essere un disastro anche per i più deliziosi pasti, spuntini e cocktail. Inizia con qualcosa di semplice come un bicchiere di vino. Più sottile è la lente, migliore è il sapore del vino, e non si fa. È nella scienza. Secondo i chimici, l'aumento del vapore del vino differisce dalla forma specifica e dallo spessore del bicchiere, il che può avere un effetto positivo o negativo sul gusto del vino. È opinione diffusa che lo champagne abbia un sapore migliore dai flauti lunghi e alti, e che la schiuma cada rapidamente dal vecchio (ma ancora attraente) coupe.

In realtà, il gusto eccellente dello champagne è migliore se servito in un bicchiere da vino bianco sottile di buona qualità. I ristoranti (e gli altri) che servono un ottimo champagne in un flute o in un coupe minano l'esperienza del bere. Una delle ragioni dell'amore per lo champagne è che il fischietto mantiene il vino frullato, dice Seth Box, direttore delle vendite al dettaglio di Hennessy, che possiede il miglior marchio di champagne del mondo. Tuttavia, i flauti impediscono di sperimentare il profumo del vino, che è parte dell'esperienza di degustazione. Non si può mettere il naso in un tubo stretto, nota Box.

LA GRAZIA DELLA BRUTTEZZA

L'attivazione delle sensazioni per raggiungere il piacere estetico non deriva solo dal movimento standard di bellezza e comfort. Deriva anche da molte esperienze repulsive che sembrano essere molte o spaventose. I francesi hanno la parola Jolly Reid, che è molto dura e significa rappresentare al meglio l'idea. La gente è attratta dalle cose che respingono. Certo, ma non sempre, questo concetto spiega perché siamo soddisfatti della strana soddisfazione delle montagne russe del gruppo heavy metal Anthrax, del film horror L'Esorcista e della Torre del Terrore di Dreamworlds. Anche la moda può toccare e attirare la gioia attraverso i nostri sensi.

Anche il recente successo di Gucci nella moda brutta è diventato evidente. Alessandro Michele, che ha preso le redini di Gucci nel 2015, è anche noto per il suo approccio illimitato anti-brutto alle stampe, ai modelli e alla grafica. Un percorso chiaro per lui, chic e nerd, che utilizza modelli e colori stravaganti e sorprendenti, può sembrare purista e di cattivo gusto ai puristi. Tuttavia, per molti altri, il suo design ha creato un nuovo modo di accedere al lusso europeo e ha permesso di esprimere le persone in modi non convenzionali e insoliti. Ha scelto una categoria, l'alta moda, che era ragionevolmente divertente e vincolata da regole, e l'ha resa di nuovo divertente e creativa. L'etica generale del design di Michelle è che più è più. Cioè più colori, più modelli, più texture.

I suoi disegni sono migliori per gli sconosciuti. Poiché offrono tutti i tipi di modi per connettersi con le persone attraverso le sensazioni, alcuni modelli ricordano ciò che consideriamo più semplice grazie alla sensazione retrò degli anni '60, '70 e persino '80. Nel passato romantico, ci sentiamo felici e sicuri anche quando non eravamo lì in quel momento (come il cliente più giovane di Gucci). Questo spirito è da sneakers famose e di successo, maglieria molto colorata, scarpe, borse, portafogli, zaini, maglioni, pantaloncini in denim, felpe con cappuccio, bomber e sciarpe da gioielliere. L'illustrazione del cucciolo in vetrina è stata realizzata da un'artista di nome Helen Downey, conosciuta anche come operaia non qualificata. Ha regalato a Michelle due cuscini decorati con i due Boss Terrier di Boston e la grafica Ortho. Questo è un classico di Michele. Ispirato dagli artisti e tradotto in sorprese e divertenti beni di consumo. Ma definisce il concetto tradizionale di bellezza nella moda? Niente affatto. Ci sono disegni taglienti, e sono una sfida.

Finché la moda brutta si basa su proprietà attraenti, come il fascino e l'eccentricità. La bruttezza non è mai una buona cosa, anche se si basa su tratti reali come la cattiveria e l'arrapamento. Considerate la differenza tra un carlino imbranato e un ruggente pitbull assetato di sangue. La maggior parte delle persone pensa che la prima foto sia carina (anche se potrebbe essere comunque sporca) e la seconda foto è adorabile. L'abbaglio di Gucci con un maglione nero è un classico esempio. Nel febbraio 2019, l'azienda ha commemorato una maglia nera da 890 dollari con labbra rosse intrecciate intorno all'apertura della bocca di chi la indossa. I critici del maglione hanno notato che se l'azienda impiegasse più personale di colore nei dipartimenti di design e marketing, le maglie sarebbero state classificate come inappropriate prima di essere realizzate.

ATTIVARE E RIATTIVARE: MARKETING SENSORIALE

Le emozioni possono essere fugaci, ma i sentimenti correlati durano più a lungo. Pertanto, i marketer devono capire l'impatto percepito sui clienti prima, durante e dopo l'esperienza. Tutto è essenziale quando si pensa a come coinvolgere i sensi delle persone. Il coinvolgimento sensoriale deve essere attivo. Le

35

sensazioni non devono essere confortevoli come prima, ma non devono essere scomode. Le montagne russe per lo stomaco, la moda folle di Gucci e la musica heavy metal ad alto volume hanno tutti dei fan entusiasti. Comprendono i loro componenti principali e sanno che i sensi acuti possono affrontarli, ma per altri può essere una sensazione sgradevole.

Un esempio tipico è un rappresentante di Bloomingdale che cosparge di profumo, che piaccia o no al cliente. Forse la fragranza può avere un buon odore, ma potrebbe non esserlo, ma è un'esperienza sgradevole quando viene imposta in modo molto aggressivo agli acquirenti. Oggi, l'approccio alla vendita di profumi nei grandi magazzini è cambiato drasticamente perché i rivenditori capiscono che la tecnologia colpisce non solo i sensi ma anche le persone. Oggi, molti rivenditori stanno addestrando i venditori a chiedere ai clienti i loro profumi preferiti, chiedere le risposte e poi provare le fragranze che soddisfano i loro gusti.

Rolls-Royce si accorse che l'odore era benefico e modificò il metodo di produzione e cominciò a usare plastica a base di pelle invece di legno per alcune parti del veicolo. Ai clienti non piaceva l'odore della plastica. Non era l'odore di auto nuova di lusso che si aspettavano da una casa automobilistica. Le vendite crollarono. Rolls-Royce fu abbastanza intelligente da chiedere ai clienti perché rifiutassero il nuovo modello. I clienti dissero che i vecchi modelli avevano un odore gustoso e legnoso, ma le nuove auto puzzavano della plastica usata per fabbricarle. Uno dei pochi componenti del nuovo modello (anche gli interruttori dei finestrini e del cruscotto sembravano più leggeri grazie all'uso di materiali più leggeri) ebbe un impatto sulle vendite, ma fu significativo. Le aspettative delle persone per un prodotto sono legate al modo in cui interagiscono sensibilmente con il prodotto. Rolls-Royce ha affrontato questo problema assumendo un esperto di odori, imitando l'odore legnoso delle vecchie auto e sviluppando un profumo che utilizza l'odore della Rolls-Royce Silver Cloud del 1965 come modello. Il profumo è stato applicato agli interni delle nuove auto dopo la produzione.

L'aroma è anche culturale. Quando si tratta con i clienti, le aziende devono considerare chi sta comprando e quali aspettative olfattive hanno. Per gli americani, l'odore dei detersivi puliti è contrastante, secondo Olivia Jezler, capo di Future of Smer, un'esperta di fragranze e dedicata alla scienza del gusto, alla psicologia e al design del gusto. Inoltre, lei dice che l'idea di un odore pulito è in Cina o in India. La medicina cinese, spesso basata sulle erbe, colpisce a scopo di pulizia, così come la medicina ayurvedica in India. La gente di questi paesi associa la pulizia agli odori di terra e di erba più degli americani che tendono a combinare la freschezza con un profumo floreale.

Starbucks ha anche scoperto che gli odori sono benefici. Lezioni imparate quando un odore indesiderato e inaspettato sotto forma di un panino da colazione, come Rolls-Royce, è stato portato nel negozio. Il calo delle vendite dei clienti nel 2008 era direttamente collegato all'odore dei panini. Ha creato un regale. Disturbava l'aroma del caffè che gli appassionati avevano sperato e apprezzato, e alla fine rovinò l'esperienza generale del negozio. Il pranzo è stato ritirato, riformulato e restituito senza l'odore sgradevole.

MODELLO POCO APPARISCENTE E MAGGIORE COMFORT

Le migliori aziende della classe spesso forniscono anche un'esperienza sensoriale d'impatto ma non rilevata. Questo è chiamato un design invisibile. Gli elementi possono non essere distinti ma avere poco o nessun valore. Si noti che tutti i rossetti sono fatti con gli stessi ingredienti essenziali. Perché le donne pagano sei volte di più il rossetto Chanel Rouge Allure Velvet ($

37) venduto a Neiman Marcus rispetto al rossetto super gloss di LeBron Cherry ($ 6.02) venduto al Wal-Mart? Le donne possono dire che gli piace il modo in cui il rossetto di Chanel dura o quanto dura, ma la verità è che preferiscono l'esperienza estetica di usare rossetti più costosi. La qualità della cera è, ovviamente, uguale alla tonalità di rosso.

Il piacere dell'utente può essere accresciuto dal peso del cilindro Chanel, dalla lucentezza dei cerchi di metallo o dal logo della doppia C elegantemente inciso sul cappuccio. Anche l'esperienza di comprare un rossetto Chanel è più rara che andare in un drugstore poco illuminato, tirare fuori da un portabagagli una confezione di plastica trasparente e antimanomissione, e dover aspettare che la cassiera ti chiami. Un acquisto lussuoso e divertente. LeBron e i suoi partner di drugstore sostengono che possono imparare molto da Chanel sul mantenimento delle valute estetiche e sull'aumento delle vendite senza necessariamente aumentare i costi o i prezzi.

Investendo qualche penny in più per unità, Revlon potrebbe trasformare l'imballaggio secondario e avvolgere il rossetto in una piccola scatola di fiammiferi che si sente più esclusiva e degna di un regalo. (Per quanto riguarda la vendita di prodotti di bellezza, è necessario considerare la cerimonia del regalo.) LeBron può anche incidere il suo nome o logo sulla cera del bastone. Per Chanel, questo elemento di design significa che le applicazioni reali si sentiranno meno comuni e più identificabili. LeBron può anche considerare la ristrutturazione del linguaggio della pubblicità. Attualmente, si concentra sulla funzionalità (tecnologia gel senza cera), usa cliché ed espressioni kitsch (at-a-glance), e manca di spunti visivi attraenti - uno stile fotografico originale più potente per gli annunci Chanel. Per quanto riguarda il merchandising, LeBron mostra gli articoli in collezioni (ColorStay, PhotoReady) o apparenze (smoky eyes, gay lockers) e non può mostrarli in categorie (rossetto, mascara). Questo impedirà ai consumatori di acquistare singoli articoli (problem-solving) o di comprare set stagionali o stili complessivi. Soprattutto, i consumatori potranno sognare. Quando si tratta di trucco, i consumatori comprano esperienze che sono accessibili attraverso una varietà di prodotti che sembrano personali e proprietari.

EFFETTI SONORI E LE NOSTRE PREFERENZE

Il suono ci colpisce in quattro modi. Il primo è fisiologico. Sirene, umani che combattono, sentire un cane che ringhia avrà una risposta di lotta o di volo, mentre i suoni rilassanti delle onde dell'oceano e il canto degli uccelli calmeranno e ridurranno la frequenza cardiaca. Indica che le cose sono sicure (preoccuparsi se l'uccello smette di cantare). Il secondo è psicologico. Per esempio, la musica influenza il nostro stato emotivo. La musica triste ci rende depressi e la musica veloce ci rende felici. Anche il rumore naturale influenza le emozioni. Gli uccelli che cantano la stessa canzone ci portano gioia e conforto fisiologico. Il terzo modo in cui il suono ci influenza è la cognizione. Le persone che lavorano in uffici aperti con molti lavoratori sono il 66% meno produttive di quelle con uffici privati e silenziosi. Gli uffici open space hanno guadagnato popolarità durante il boom tecnologico, e alcune aziende sono ancora in svantaggio.

Il quarto modo in cui il suono ci influenza è l'azione. Se sentite una musica veloce mentre guidate, potete schiacciare l'acceleratore. Ascolta il Canone di Pachelbel, e puoi lavorare in una zona di velocità di 45 mph e 55 mph. Il tono determina ciò che mangiamo. Gli studi dimostrano che le persone sono più propense a scegliere zucchero e snack ad alto contenuto calorico e cibo spazzatura quando sono circondate da musica ad alto volume e prodotti più sani quando ascoltano musica morbida e tranquilla. Dipayan Biswa, professore di economia e marketing alla University of South Florida di Tampa, dice che la musica ad alto volume è più eccitante, fisicamente eccitato, sfrenato, e tende a scegliere qualcosa di più generoso. La musica bassa ci rende più rilassati e attenti e tende a scegliere qualcosa di adatto a noi nel lungo periodo.

Di solito tendiamo a stare lontani dai rumori sgradevoli (per esempio, squadre di costruttori che sparano sui marciapiedi della città) e ad ascoltare suoni rilassanti (per esempio, il camioncino dei gelati che suona). Sfortunatamente, il rumore sgradevole può avere un effetto dannoso sullo spazio di vendita al dettaglio (e altri spazi commerciali). Circa il 30% delle persone aprirà un negozio se contiene un rumore sgradevole.

I supermercati spesso usano la musica da ascensore per rallentare, durare e anche comprare. La musica up-tempo è comunemente usata nei ristoranti per entrare e uscire, per energizzare sia gli ospiti che il personale e per far girare velocemente i piatti. Tuttavia, se il ritmo è fastidioso, si può saltare del tutto. In un classico ristorante francese, è possibile impostare l'umore e il ritmo suonando chanties con Piaf in fondo. Tuttavia, se il volume è troppo alto per parlare o sentire con i coetanei, può vincere un locale italiano dove suona tranquillamente Frank Sinatra. I negozi che fanno musica ad alto volume possono danneggiare il piacere di sfogliare e provare, e fornire un servizio scadente a se stessi e ai loro clienti.

CAPITOLO 3

DECIFRARE IL CODICE

> ➤ **CONOSCI I TUOI TRIGGER EMOTIVI E GLI SPUNTI SENSORIALI DEL MARCHIO**

La suoneria Nokia, conosciuta anche come Grande Valse, è stata la prima suoneria identificata su un telefono cellulare. Fu introdotta dall'azienda finlandese all'inizio degli anni 90 e proveniva dalla composizione del compositore spagnolo Francisco Tarrega per chitarra sola del 1902. Oggi viene suonata 20.000 volte al secondo sui telefoni cellulari di tutto il mondo. Tapio Hakanen, capo del Sound Design di Nokia, ha detto ai giornalisti nel 2014. I toni di oggi sono meno pronunciati, ma l'uso di morbide chitarre acustiche per le suonerie era poco frequente all'inizio. Rifletteva l'aspetto umano del motto che collega le persone di Nokia. Era fresco all'epoca. In un certo senso, la popolarità di questa suoneria segnalava la lungimiranza della performance finale dei dispositivi mobili per portare le persone in tutto il mondo e usare la tecnologia per far progredire l'umanità.

Un buon business è costruito con migliaia di componenti, ma un buon marchio è fatto con solo una manciata di codice robusto. Grande Valse è probabilmente diventato uno dei codici essenziali del marchio Nokia. Cos'è il codice del marchio? Sono identificazioni o segni distintivi chiari e inequivocabili della marca, che riassumono i loro aspetti filosofici ed estetici. Non confondete il codice del marchio con il logo del marchio. Tuttavia, un logo simbolico può essere uno dei tanti tipi di codice. Il codice del marchio differisce dal DNA del marchio, che di solito si basa su fattori come la storia del marchio, il valore e lo scopo sociale (o missione), poiché il DNA è di natura concettuale e non sensoriale. Forse la cosa più importante è che, mentre il codice si distingue dai prodotti vendibili del marchio, esso collega consciamente e subconsciamente i consumatori alle idee, ai ricordi e alle emozioni che questi prodotti creano, e incoraggia anche i consumatori a comprare.

Spazialmente, il codice può essere visto, sentito, sentito e anche sperimentato. Infatti, sono quasi ovunque in prodotti, prodotti e prodotti. Per esempio, uno slogan forte può creare una connessione emotivamente carica che stimola il desiderio di prodotti correlati. Per esempio, Folger è la parte migliore del risveglio, alla Coca-Cola piace insegnare la canzone al mondo, e

Meow, Meow, Meow, Meow, Meow in Meow Mix evocano l'ora del mattino e la piacevole sensazione di un nuovo inizio. L'unità e la comunità. E la dolcezza e il fascino dell'animale domestico che ami. Anche gli accordi che si trovano in suoni come le canzoni della Nokia, Ho-ho-ho di Jolly Green Giant o i toni dei leoni della MGM creano forti associazioni.

Codici visivi robusti possono essere trovati in certi usi e proprietà dei colori come Harvard Crimson Red, Cadbury Royal Purple e Veuve Clicquot's Yolk Yellow. La signora Lauder ha scelto una tonalità verde-blu chiaro per il bicchiere per la cura della pelle per incoraggiarlo a fondersi bene con l'arredamento del bagno del cliente e mostrare con orgoglio la crema sul bancone. Ma le faceva anche guardare all'eleganza che rendeva gli occhiali facilmente riconoscibili da lontano e ricordava l'uso delle favolose cineserie europee. Oggi, il marchio utilizza una gamma più ampia di tonalità, dal marrone ramato al bianco lucido, ma il blu originale rimane per alcune delle creme e lozioni più note.

Il codice si trova anche nei disegni delle stanze e degli edifici. B. Mela retroilluminata. Si distingue ed è incorporato nel muro dell'Apple Store. Inoltre, l'Apple Store è facilmente riconoscibile per le stanze spaziose, le facciate di vetro da pavimento a soffitto e le porte dell'hangar anteriore. Questi fattori non solo distinguono l'Apple Store dai negozi vicini, ma anche confondono la distinzione tra interno ed esterno, e attirano l'attenzione della gente sull'esposizione dei prodotti, che è la star del palcoscenico Apple. È interessante notare che altri rivenditori tendono a fallire quando cercano di copiare l'approccio al design di Apple. Perché sentono che la loro imitazione è falsa e poco ispirata.

Il codice è servito all'azienda finché i consumatori americani volevano coerenza e prevedibilità e volevano vedere il paese guidando per lunghe distanze all'interno dell'azienda. Johnson, dopo una lunga giornata passata a guidare e a vedere posti nuovi, si rese conto che il comfort immaginario (senza pulizia) di casa era calorosamente accettato. Per questo motivo, i nuovi ristoranti furono modellati sulle chiese del New England o sul municipio con tetti a capanna o ad ala e cupole. Lo stesso municipio del New England era un codice preso in prestito da Johnson per mostrare accoglienza, sicurezza e ospitalità tradizionale. Secondo Langdon, le tegole dei tetti in porcellana e metallo sono dipinte di arancione per attirare l'attenzione degli automobilisti lontani. Ma quando i desideri americani sono cambiati, HoJo non è stato diverso da loro, e l'azienda ha perso il suo vantaggio. Andrew King, professore alla Tuck School of Business della Dartmouth University, e Brazier Bataltok Tof, studente di dottorato alla University of British Columbia di Vancouver, alla fine hanno forzato la pulizia con l'economia di base.

I consumatori generalmente comprano prodotti e servizi in base a come si sentono con queste offerte. Se una proposta non può stare al passo con i desideri mutevoli dei consumatori, le imprese falliranno. HoJo's è un classico esempio. È impegnativo per un'azienda creare emozioni solo attraverso il design del prodotto. I codici del marchio forniscono molto più significato e risonanza emotiva dei singoli prodotti. Sono uno dei beni più preziosi del marchio, poiché creano una connessione forte e duratura e appassionata tra le persone e i prodotti. In sostanza, sono la radice della desiderabilità di un prodotto, o quello che gli economisti chiamano domanda.

COME SI EVOLVONO I CODICI

Il codice si evolve ed evolve organicamente, lentamente e involontariamente. Di solito, emanano dal fondatore dell'azienda e dai suoi principi di base e dalle sue preferenze personali. Il codice del marchio in sé non è creato come un codice. Sono un sottoprodotto di un processo creativo più ampio. Se il sistema è ben progettato e coerentemente integrato nello sforzo di sviluppo del marchio, diventerà l'elemento più riconoscibile del marchio. Continuerà a mostrare storie significative e memorabili sulla storia del marchio, la sua esperienza e il prodotto Tu. In sostanza, il codice fa leva sui nostri desideri e crea una bolla di mito sognante.

Col tempo, il mito che il codice suggerisce sarà integrato con il marchio. I sistemi sono narrazioni abbreviate che sono molto più emotivamente convincenti del prodotto stesso. Per esempio, uno dei codici più prominenti del marchio di lusso francese Herm è il logo della carrozza Duc dipinta da un cavallo. L'azienda è stata fondata da Thierry Hermes a Parigi nel 1800 come un laboratorio di finimenti per servire gli aristocratici europei. Hermes ha creato i migliori finimenti forgiati e le redini

49

per l'industria dei trasporti. Quindi, Ma era davvero un cliente del marchio. Due secoli dopo, il codice rappresenta ancora l'impegno di Hermes nell'artigianato europeo tradizionale e nel lusso raro ma modesto.

In generale, più ricco è il patrimonio e più profondo è l'archivio, più potente e persistente è il codice. Quando guardate un marchio maturo, chiedetevi: In cosa credevano fondamentalmente i fondatori nelle loro proposte di business? Come si relazionano questi principi con il contesto in cui il business è implementato (cioè, tempo/luogo/altre variabili), e come il codice rimane rilevante attraverso i cambiamenti nel tempo, nella cultura e nell'ambiente?

Tuttavia, le giovani aziende e le start-up hanno anche il patrimonio. Per le nuove aziende, il contesto si trova spesso nella cultura. Per esempio, Amazon.com ha accessibilità, valore, valore aziendale e convenienza.

PRECISO E SPECIFICO

Il codice robusto non si vede mai nella descrizione generale, ma si può trovare in una spiegazione esatta e concreta. Per esempio, UPS è contrassegnato dal marchio Pullman Brown, non marrone. I post-it della 3M non sono gialli. È giallo canarino. Hermes ha una tonalità distintiva di arancione bruciato. Louis Vuitton possiede una particolare tonalità di marrone: vecchio bordeaux e sporco. Il colore di Tiffany non è solo blu. Non è né blu navy, né blu cielo, né blu-verde. È il blu uovo di pettirosso. No. 1837 sulla tabella del Pantone Matching System. Tiffany ha iniziato a usare la tonalità distintiva del blu uovo di Robin sulla copertina del Blue Book nel 1845, meno di dieci anni dopo la sua fondazione. Sono quasi due secoli di marchio.

Lo stesso vale per i codici del logo. Starbucks non usa le solite vecchie sirene con una coda. Usa una sirena verde illustrata con due code ispirata da un'antica xilografia nordica. (Il nome Starbucks viene dal personaggio del famoso romanzo di Harman Melville "Movie Dick". Starbucks era il primo compagno della nave del capitano Achab, Pecod. Starbucks Global Creative Studios, il simbolo più importante del nostro marchio è il rapporto tra Starbucks e il caffè: In primo luogo, l'azienda è stata fondata a Seattle, vicino al Puget Sound, e ha forti legami con l'acqua, e in secondo luogo, i chicchi di caffè sono in Etiopia. Viaggiano per lunghe distanze da luoghi esotici e lontani, come il Kenya e la Colombia, e arrivano in grandi navi container. Secondo i miti, sirene sono anche nati da luoghi esotici, viaggiare in mare aperto, in terzo luogo, il dio greco In, Starbucks nello stesso modo come per tentare profonda L amanti, che sirena è stato attirato marinai. Sirena rappresentazione concreta di è qualcosa da ricordare quando si pensa a Starbucks.

POSSIBILE

La specialità significativa e robusta del codice è la ragione per cui molte aziende e istituzioni si proteggono dalle violazioni, registrano legalmente i loro marchi, e perseguono avidamente coloro che cercano di rubarli per il proprio beneficio. Questo porta la prossima funzione del codice robusto: la proprietà.

Nonostante le limitazioni della proprietà intellettuale, il codice robusto non può essere duplicato solo da altri. E anche se viene riprodotto, è ancora strettamente legato al proprietario del marchio originale. Immaginate un'orecchia di topo grafica usata da Walt Disney, un castello ispirato a Neuschwanstein, o una tazza da caffè Anthora per due usata da una tavola calda greca. Un font che assomiglia alle lettere greche e ha uno schema di colori blu e bianco ispirato alla bandiera greca. Pensate a un anello sul coperchio del forno olandese di Le Creuset. In tutti questi casi, le regole della casa sono profonde, per esempio, B. con un topo, una serratura, un bicchiere da caffè di carta, o una pentola in ghisa smaltata e le tipiche sedie in pelle intrecciata di Bottega Veneta o in plastica modellata di Charles e Ray Eames e per sempre associate al marchio che l'ha originariamente messa sulla carta.

Il codice è strettamente legato al marchio. Così, quando viene fuori contesto o usato da altri marchi, il legame con il marchio originale è sicuro ed è strettamente protetto dal proprietario originale. Le orecchie di topo Disney sono più di Topolino. Trasmettono sensazioni giocose e bizzarre, sogni d'infanzia, innocenza e fascino. Nel 2014, l'azienda ha citato in giudizio un famoso DJ che indossava un casco con le orecchie di topo durante gli spettacoli dal vivo in tutto il mondo. Secondo la Disney, il DJ Joel Zimmerman, conosciuto come Deadmau5, usa un logo che assomiglia alle orecchie di un topo Disney, ma usare l'icona di Zimmerman è esattamente il contrario della storia che la Disney vuole raccontare. Il caso è stato risolto nel 2015, e i DJ usano grandi orecchie di topo come parte del marchio.

COLLAUDATO NEL TEMPO

Il codice robusto si è evoluto e, come detto, non è generalmente considerato codice. Il sistema più robusto si evolve nel tempo e raramente cambia. Se cambiano, i cambiamenti sono conservativi e incrementali. La classica giacca di tweed di Chanel non è iniziata come un codice di marca, ma si è indubbiamente sviluppata in un codice di marca e continua ad essere un identificatore affidabile per il marchio. Il tessuto stesso fu commissionato da Coco Chanel nel 1924 e fu ispirato dall'attrezzatura sportiva che indossava l'allora bel duca di Westminster. Chanel fu responsabile della produzione del primo Tweed in una fabbrica scozzese e produsse una varietà di abbigliamento sportivo, inclusi completi e cappotti. Tuttavia, fu solo nel 1954 che il Tweed divenne davvero unico quando lo utilizzò nell'attuale giacca Chanel.

La moda sostiene che niente è più iconico di questa giacca classica, con asole intrecciate e reali e una piccola catena di metallo che è cucita all'interno del fondo in modo che si adatti correttamente al corpo. Anche se il design della giacca ha tenuto il passo con i tempi in termini di colori freschi e leggeri cambiamenti nei tagli, la silhouette di base rimane abbastanza vicina alla forma originale 1954 per essere facilmente riconoscibile. Era un esempio impressionante di modernità e semplicità chic allora, ma lo è ancora oggi. Anche negli anni '80, era un punto fermo negli armadi delle fashioniste. Puoi sempre trovare le classiche giacche di tweed Chanel sul sito e-commerce di Chanel. I completi continuano ad essere sopravvalutati nel mercato secondario. Il design di base e la costruzione del cappotto non sono cambiati significativamente da quando è stato concepito. La giacca manda un messaggio forte. La persona che la indossa è ricca, appropriata, ha grande gusto e capisce la qualità. C'è molto da dire su una giacca. Il potere del cavo, così come lo stile, sono parte del motivo per cui questa giacca è stata battuta da innumerevoli altre marche e produttori.

Un codice collaudato è più che una moda. Le aziende alimentari di tradizione usano la forza dei loro standard. Viene menzionato Jolly Green Giant Hohoho prima. Canti e jingle sono stati a lungo associati a piselli e verdure surgelate. Il gigante Ho-ho-ho non è cambiato dalla sua introduzione nel 1925, ma i giganti stessi sono stati sottilmente modernizzati da allora. È diventato più grande, ha un aspetto migliore ed è diventato più ecologico. Nonostante i miglioramenti, è stato subito riconosciuto come la mascotte dell'azienda e continua a sfidare questa categoria come un grande e luminoso codice vegetale. Anche se finiscono per comprare una marca diversa, i flash del Jolly Green Giant sono per sempre impressi nella mente di molti acquirenti nella corsia dei surgelati.

RILEVANTE

Il codice robusto è legato ad altri aspetti del marchio. Non sono stati sviluppati indipendentemente, ma si sentono autentici e affidabili. Per esempio, Tiffany Blue, una combinazione di blu e verde, dà una sensazione fresca e rilassante. Ed è senza tempo e mai fuori luogo. Il colore è associato alla calma, alla pace, alla prosperità e alla femminilità. Tutto questo si collega perfettamente con i prodotti essenziali vendibili dell'azienda, compresi i gioielli, specialmente gli articoli per la casa dal design squisito come i diamanti, i metalli preziosi, i cristalli e le ceramiche.

Tiffany ha una profonda eredità da costruire, ma e' ancora in qualche modo moderna e rilevante. Il codice del marchio non deve essere trattato come un pezzo d'arte da museo. Devono anche essere utili e applicabili. I marketer devono prendersi il tempo per capire quali aspetti dell'eredità del marchio sono in realtà ancora molto rilevanti e quali personaggi sono semplicemente interessanti dal punto di vista storico. Come accennato in precedenza, il marchio Louis Vuitton, per esempio, è maturato durante l'ascesa dell'era delle navi a vapore, la prima ondata significativa di viaggi internazionali. Vuitton, un produttore di valigie francese, ha introdotto un baule con un fondo piatto (impilabile), in tela (relativamente leggero) e a tenuta d'aria (protetto dalle inondazioni) a metà del 19° secolo.

I materiali di tela Louis Vuitton erano pratici e leggeri, la maggior parte dei quali erano perfetti per i moderni viaggi in battello a vapore. LV è sempre stato un lusso ed è stato a lungo preferito dai ricchi. È ancora rilevante per i viaggiatori di lusso oggi. Tuttavia, poiché i viaggi in tutto il mondo sono diventati più desiderabili, eccitanti e accessibili a più persone, Louis Vuitton ha ampliato con successo la sua base ed è un marchio ambizioso per più di un jet setter ricco di cinghiali. e Voyagez pop-up che sono avventurosi per inviare messaggi potenti, moderni e coerenti che portano al viaggio. [marchio] dal 1854 ad oggi.

QUANDO I BUONI CODICI DIVENTANO CATTIVI

Il marchio di Betty Crocker avrebbe sofferto se avesse continuato ad affidarsi ai cliché delle donne bianche americane di mezza età altamente addomesticate. Questo è il codice sbagliato del 21° secolo. Uno dei più grandi disastri nella codifica generale è nei negozi fisici. I grandi magazzini, da

Macy's a Dillard, in particolare, si sono attenuti allo stesso approccio tradizionale e poco ispirato al design dei negozi per decenni. Naturalmente, si sentono datati, omogenei e noiosi. Principalmente, la mancanza di un codice associato cancella i legami emotivi che i consumatori sentivano una volta, e un'altra ragione per cui molti rivenditori tradizionali bramano l'aria, e Claire, Bonton, autorità sportive, 4, giocattoli, ecc. hanno dichiarato fallimento.

I rivenditori non sono irrilevanti. Non lo sono. I vecchi marchi come Louis Vuitton e Gucci hanno trovato un modo per rimanere rilevanti. ABC Carpet & Home, uno dei negozi preferiti a New York, crea un'atmosfera teatrale per case e decorazioni in un'atmosfera drammatica. L'interno del flagship store assomiglia a un'affascinante strada di boutique dove si possono cercare eventi. Il negozio al dettaglio parigino Le Bon March (uno dei negozi preferiti) mantiene il suo iconico design a scala mobile e l'impressionante vetrina culinaria La GrandeÉpiceriede Paris, ma il suo vecchio codice Illuminazione, spazi architettonicamente stimolanti continuano a trovare nuovi modi per trasformarsi in momenti di shopping unici e creativi. Si dice che Le Bon Marché sia stato il primo grande magazzino al mondo, aperto a Parigi nel 1852 dall'imprenditore e rivenditore francese Aristide Bousseau e da sua moglie, Marguerite.

Volevano aprire un nuovo tipo di commercio che stimolasse tutti i sensi. La massiccia iterazione dell'azienda parigina fu progettata dall'architetto Louis-Charles Boileau e dall'ingegnere Gustave Eiffel (sì, il suo Eiffel). Boucicaut è anche innovativo per gli standard odierni, parla con i clienti e sviluppa molte esperienze sensoriali che hanno reso l'attività un successo. Prezzi diversi e intrattenimento per i bambini. Vendite stagionali, tra cui un catalogo per corrispondenza (in realtà il primo al mondo) e vendite di biancheria bianca che si svolgono dopo Natale quando il traffico è diminuito. Il negozio continua a sorprendere la gente del posto e i turisti con display magici, reparti curati, architettura magnifica e arredamento.

Ci sono modi in cui i rivenditori possono avere successo. Le persone sentono sempre, toccano e sentono il bisogno di annusare, e i rivenditori offrono un posto dove possono farlo. Il commercio al dettaglio è un luogo dove i prodotti e gli esperti (venditori) possono coinvolgere i sensi dei clienti con qualcosa di unico, sorprendente e utile. Questo è ciò a cui il retail dovrebbe tendere.

ESTRAZIONE DI CODICI

Il codice deriva da espressioni e azioni che si sono dimostrate nel tempo coerenti, autentiche ed emotivamente tenaci. Che la vostra azienda abbia 100 anni o cinque anni, per chiunque cerchi di rivelare il codice, il primo passo è fare quello che io chiamo un audit del marchio. Saltare nell'archivio. Naturalmente, più profonda è la vostra eredità, più lavoro dovrete fare. Per le aziende consolidate, guardare indietro agli archivi, come fanno spesso le case di moda, può essere un'esperienza notevole. Non si tratta solo di come il tuo prodotto è stato storicamente fatto e venduto, ma anche del perché è stato fatto e venduto, di come la sua espressione è stata influenzata dai tempi, e soprattutto di un senso coinvolgente di come si è evoluto nel corso della storia. Chi è il fondatore? Come è stato influenzato dai tempi? Quali altre forze hanno agito? Come si è evoluto il marchio in un contesto e un impatto mutevole? Qual è stato il momento determinante del marchio? Da questo momento in poi, potete vedere apparire il modello. Potete vedere quali espressioni del marchio continuano a risuonare, quali emozioni non risuonano, e come la leadership dell'azienda, la cultura e il mercato hanno risposto a vari spunti nel processo.

L'archivio può contenere campioni o immagini del design del prodotto (preferibilmente presentato in ordine cronologico in modo che i revisori possano vedere come si è evoluto il modello). Tuttavia, è necessario includere anche altri elementi visibili, come loghi, motti, pubblicità e piani dei negozi. Il passo successivo è quello che io chiamo patterning. Quali sono i componenti che si sovrappongono o collegano i capitoli storici di diversi prodotti, segmenti e business? Come si colloca ognuno di questi elementi visibili rispetto ai quattro criteri del codice forte (testato nel tempo, accurato e specifico, proprietario e rilevante)? Come lavorano insieme i singoli codici? Alcuni possono migliorare i valori e le idee essenziali. Altri possono indebolirli.

TESTARE LA FORZA DEI CODICI DI UNA MARCA

Una volta che avete completato un audit del marchio e identificato schemi chiari, icone e possibile codice, come potete testare la forza del codice potenziale? Un modo è quello di nascondere il nome del vostro marchio, il logo o tutti i riferimenti a un particolare prodotto, mostrando così le campagne pubblicitarie e di marketing del vostro marchio a persone non affiliate o imparziali. In base agli elementi visualizzati (ad esempio, la tavolozza dei colori, la selezione dei materiali, il carattere, la voce/suono/suono, e anche la posizione), controlla se possono identificare la tua azienda. Questa è la cartina di tornasole definitiva per i marchi di potere costruiti su un codice chiaro, coerente e proprietario.

Anche se la vostra azienda ha un codice robusto e identificabile e una posizione forte sul mercato, ricordate che il mercato è dinamico e i clienti prendono sempre nuove decisioni. I lealisti possono stare lontani e attrarre nuovi clienti nel tempo affinché l'azienda sia sostenibile, cresca e rimanga rilevante. L'atto di bilanciare tra mantenere i clienti soddisfatti per molti anni e attrarre nuovi clienti che possono avere aspettative diverse dai clienti esistenti è un problema per tutte le aziende. Nel prossimo

63

capitolo, esamineremo questa e altre sfide quotidiane e le soluzioni estetiche per affrontarle.

CAPITOLO 4

PROGETTATO PER DURARE

➢ **APPROCCI ESTETICI PER PROBLEMI DI INTERESSE GENERALE**

Anche se non ci sono due aziende che affrontano lo stesso problema, le barriere alla crescita e alla redditività tendono ad essere modelli riconoscibili. E molti di essi sono affrontati al meglio attraverso quella che chiamiamo una soluzione estetica. Solo 60 delle 1955 aziende di Fortune 500 sono rimaste nella lista nel 2018. Perché poche aziende riescono a mantenere il successo? In breve, la maggior parte delle aziende sta giocando partite che non può vincere. Come Yahoo!, l'obiettivo non può battere Wal-Mart nei giochi di Wal-Mart. I giochi di Google non possono sconfiggere Google. Tuttavia, Yahoo! al contrario, Target mantiene uno stato relativamente stabile giocando i propri giochi.

Guardando alle sfide classiche del business, le soluzioni non si trovano generalmente negli studi di casi della business school o nei libri di business più venduti. Sono profondamente e profondamente empatici su ciò che i loro clienti sentono e su ciò che gli piace, non su ciò che comprano o su dove fanno acquisti, e sulla loro visione di poter aumentare la gioia come persona, non come acquirente. Comprensione. Secondo Clayton Christensen, professore di business alla Harvard Business School e uno dei massimi esperti mondiali di innovazione e crescita, quando compriamo qualcosa, vogliamo assumerlo e lavorare. Aiutando (se trova qualcosa), sembriamo sexy per una data o mettere qualcosa di gustoso e sano nella scatola del pranzo dei nostri figli).

Se il prodotto funziona, assumete di nuovo (cioè, comprate di nuovo). Se fallisce, lanciarlo. Compriamo cose perché, per quanto mediocri e grandiose, vogliono aiutare i nostri sforzi ad avere successo. In altre parole, la gente compra cose, non macchine. Le persone sono emotive e prendono decisioni principalmente in base a come si sentono dall'acquisto. Meglio si sentono, più sono aggressivi e fedeli ai prodotti e alle marche. Christensen dice che le aziende possono mancare (e fallire) questo e prendere decisioni di prodotto e marketing basate sugli attributi dell'acquirente (status, età, lavoro, sesso) e la correlazione sbagliata con la sua decisione di acquisto.

Indipendentemente dagli affari che fate, io, come tutti gli uomini d'affari, vi consiglio di incorporare i vostri valori, il vostro carattere, il vostro stile e anche le vostre abitudini nelle equazioni il più possibile. Perché comprare? Che tipo di sensazione vuoi evocare con il tuo acquisto? Perché e come i prodotti e le marche specifiche che preferite per ottenere quella sensazione? Cosa c'è di sbagliato in ciò che vi fa fallire? La vostra opinione personale è importante per il vostro business. Dopo tutto, anche tu sei un consumatore e sei il tuo esperto. Essere te stesso e portare tutto te stesso nel processo è il tuo più grande differenziatore, e a livello umano, i tuoi clienti sono i più reattivi. Formate e valorizzate la voce e il valore della vostra azienda, includendo le vostre convinzioni e preferenze personali.

Portarsi al tavolo approfondirà la vostra empatia con i vostri clienti. La comprensione è un aspetto importante del miglioramento continuo nell'estetica e negli affari. Un chiaro esempio della mancanza di empatia si trova nel lancio e nella rapida scomparsa dei Google Glass. I Google Glass non hanno fallito o sono stati licenziati dai consumatori a causa di investimenti insufficienti in R & S tecnica, marketing o comunicazione. Ha fallito a causa di come il suo design di base fa sentire chi li indossa (sgradevole e antipatico). Non volevo vedere gente con gli occhiali. Google non ha fatto il lavoro.

LA TRAPPOLA DELLA MERCIFICAZIONE

Se vendere un prodotto in generale sembra complicato, prova a vendere il prodotto. Il vostro unico beneficio potrebbe essere il vostro prezzo relativamente basso, e questo beneficio diminuirà necessariamente nel tempo. Tuttavia, alcune aziende hanno reso unica la sfida apparentemente insolubile di vendere prodotti semplici, non differenziati e sostituibili, progettando esperienze umane completamente nuove ed emozionanti basate sui risultati. Noi l'abbiamo trasformata con successo in una proposta di valore differenziato e sostenibile. Chiamiamo questa strategia la soluzione di Starbucks per spostare l'attenzione dai prodotti a basso valore a quelli ad alto valore. Che vendano caffè, soia o cemento, le aziende di questo tipo creano un'esperienza unica ed eccitante, e attraverso strategie estetiche che tessono una ricca storia sul prodotto per sviluppare entusiasmo, desiderio e fedeltà. Avete l'opportunità di trasformare il vostro intero business.

A differenza delle caffetterie tradizionali, Starbucks ha progettato gli interni con un'enfasi sul comfort rispetto all'efficienza, ha costruito varistori di server e ci ha ricordato il know-how e l'artigianato europeo. Il punto qui non è se Starbucks è differenziato e rilevante oggi. Egli afferma che il suo business non si è evoluto, ma si può imparare dalle sue prime scoperte e dagli anni di successo. Negli anni '90 e all'inizio degli anni 2000, Starbucks è stato riconosciuto come un prodotto altamente differenziato e innovativo. (Lo stesso vale per McDonald's negli anni '60 e '70).

IL RUT DEL SECONDO CLASSIFICATO

Quando l'azienda arriva seconda, è in competizione con giocatori eccellenti con risorse e competenze molto più profonde. Queste aziende si sono unite o si sono unite ad aziende che hanno pratiche e tradizioni consolidate, tecniche di vendita e di marketing, e la reputazione di aziende famose. L'ostacolo è combinare lo scopo apprezzativo nel vostro business in un modo che migliora e differenzia il vostro marchio dai leader del settore e attrae gruppi di clienti completamente nuovi. Per esempio, Southwest Airlines ha afferrato la tua borsa pur essendo intelligente con il suo tema di design (solo una macchina senza cuore), l'inclusione di colori caldi (Canyon Blue e Sunflower Yellow), e gli slogan precedenti, è acceso. Un tipico esempio di vendita al dettaglio è, naturalmente, l'obiettivo contro Walmart. L'obiettivo non poteva competere con Wal-Mart, soprattutto in termini di prezzi bassi giornalieri, ma la sua strategia cheap and chic ha effettivamente costruito una forte posizione nel mercato. Partnership con designer; annunci intelligenti e accattivanti. Fornire una comunità.

Excellence spark Clinique è un ulteriore simbolo di un'azienda che ha costruito la propria posizione forte, evitando la competizione con i leader del mercato. Clinique è stato lanciato nel 1968 da Est Lauder Companies ed è stato progettato in contrasto con Est Lauder, uno dei marchi fratelli più affermati e popolari nei grandi magazzini americani in quel momento. Anche se i due marchi appartenevano alla stessa casa madre, erano molto competitivi e vendevano prodotti simili allo stesso acquirente nello stesso negozio. Ma in termini di estetica, non potevano più essere diversi. Estrada si concentrava sull'eleganza del Vecchio Mondo e mostrava modelli classicamente belli in ambienti glamour. Clinique, che sottolineava i vantaggi tecnici, non aveva mai usato il modello nella pubblicità. Il suo prodotto stesso era una star. Come tale, fu esposto con cura dal leggendario fotografo Irving Pen, fotografato artisticamente e apparve in una campagna elegante e accattivante. Si prendeva persino sul serio la linea, anche con un nome che suggeriva un ospedale francese.

Il concetto di Clinique è nato da Carol Phillips, Vogue Beauty Editor, che crede in un approccio più scientifico a tre livelli alla cura della pelle. Mentre la consulente di bellezza di Lauder doveva creare eleganza e stile, la consulente di Clinique indossava un camice da laboratorio e aveva un approccio curativo alla formazione dei clienti. Clinique ha anche costruito dispositivi simili a un abaco per i contatori. I clienti potevano diagnosticare il loro tipo di pelle: grassa, secca, delicata o federata. Infine, mentre la scintilla Lauder è stata costruita sulle sue potenti redolenze, tutti i titoli Clinique sono stati scambiati come testati per le allergie e senza profumo.

IL PESO DELLA STORIA

In generale, una profonda eredità è un bene prezioso per le aziende, ma alcune aziende sono immerse nel passato e perdono ogni rilevanza per il presente. La sfida per queste aziende è quella di integrare un'estetica che faccia rivivere il fascino e l'attrattiva del marchio mentre utilizza i codici storici più influenti. Sears e Strobe Breweries Company sono esempi di marchi ereditati falliti. Nel frattempo, Gucci, Harley Davidson e Hennessy hanno prosperato attraverso molte incarnazioni successive.

Il piano di turnaround di Sears non ha nulla a che fare con l'estetica, la vendita al dettaglio imperfetta, la ristrutturazione e la gestione delle proprietà, e risulta in significativi errori di calcolo nella gestione dei suoi problemi principali. All'inizio di ottobre 2018, Sears si prepara al fallimento. Il problema del caso Sears è che è un rivenditore povero, dice Neil Saunders, direttore generale di Global Data Retail. Francamente, tutto, dalla vendita al dettaglio al servizio alla merce e agli standard commerciali di base, ha fallito in tutti gli aspetti della vendita al dettaglio.

La direzione di Sears ha trascurato l'elemento umano del business chiudendo i negozi e mettendo all'asta le proprietà immobiliari per abbassare i costi, aumentare il flusso di cassa e fare profitti. Se il problema di Sears fosse stato semplicemente un eccesso di inflazione, la strategia avrebbe potuto avere un senso. Ma avere troppi negozi non è il motivo per cui Sears ne ha sofferto. Le vendite delle filiali nel quarto trimestre del 2017 sono diminuite da 6,1 miliardi di dollari nel quarto trimestre del 2016 a 4,4 miliardi di dollari. La società stessa ritiene che la metà di queste perdite siano dovute a meno spazio. La perdita rimanente deriva da un calo del 18% delle vendite nello stesso business. 11 Sears continua a vendere il suo inventario e sta cercando acquirenti di marche diverse che possono far cadere IV gocce un po 'più a lungo, il che farà rivivere il negozio.

La verità è che Sears è diventata indipendente dai consumatori. Per evidenziare questo punto, un sondaggio del 2016 sugli acquirenti di abbigliamento femminile ha scoperto che preferivano fare acquisti nel Good Will Store piuttosto che da Sears. E le persone scelgono di fare acquisti su Amazon perché è legato alle loro esigenze di convenienza, accessibilità, facilità d'uso e trasparenza. Amazon è l'unica versione dello spesso catalogo Sears del 21° secolo che le famiglie avevano precedentemente ricevuto per posta ed è disponibile solo 24 ore su 24. Come l'Amazon di oggi, i cataloghi Sears coprono tutto, dai tessuti da giardino alle case prefabbricate e alle celebrità come Lauren Bacall, Susan Hayward, Jean Autry e la leggendaria leggenda del baseball Ted Williams. I prodotti. Anche se la gamma di prodotti di Sears è diminuita significativamente dal suo periodo d'oro, Amazon sta ancora raggiungendo i limiti di ciò che può essere venduto. Il sistema di stoccaggio e la cooperazione tra esseri umani e tecnologia robotica possono immagazzinare e spedire una varietà di articoli. La partnership con il produttore significa che non ci sono più molti altri articoli da mettere in vendita. Nel caso di Sears, non è riuscito a sostituire l'intelligenza estetica con l'ingegneria finanziaria.

NESSUNO SPAZIO PER VAGARE

Qual è il processo artistico per costruire una nuova base di clienti prigionieri e fedeli nonostante la pressione della concorrenza e il rumore del mercato? La sfida per la maggior parte delle startup, specialmente nel settore dei piccoli beni di consumo, è quella di competere in industrie sempre più affollate, competitive e mature. Tuttavia, diverse nuove aziende, come il produttore di occhiali Warby Parker e il marchio di abbigliamento Eberlane, sono state in grado di risolvere il caos.

Al momento in cui scriviamo, Warby Parker è valutata circa 1 miliardo di dollari. Oggi è importante, ma quattro studenti della business school si sono chiesti perché gli occhiali e i piccoli pezzi di plastica fossero così costosi. Rispondere a questa domanda ha ispirato la vendita di occhiali di moda ad un prezzo molto più basso. Luxottica, la stessa società che possiede il principale produttore di lenti per occhiali, possiede Pearle Vision, Ray-Ban e Oakley, e licenze per tutte le montature da vista e occhiali da sole per Chanel e Prada e molte altre marche. Occhiali di nome. Il fondatore di Warby Parker credeva che evitare i rivenditori e i loro intermediari potesse far risparmiare ai consumatori il sovrapprezzo del 300% associato alla vendita nei negozi.

Per coloro che cercano di acquistare marchi di occhiali firmati come Chanel, Luxottica paga le royalties al marchio e aumenta i prezzi al dettaglio di un ulteriore premio. La popolarità degli occhiali di marca ha dato al fondatore di Warby Parker grandi consigli per il successo nel business degli occhiali. Bisogna prestare attenzione ai desideri dei clienti per ottenere un alto livello di esperienza nell'acquisto di occhiali. Come fanno i clienti a comprare gli occhiali? Prima di tutto, controllano se stanno bene sul viso. Quindi, siamo i primi co-fondatori di marchi di moda, e Neil Blumental ha detto a Forbes. Gli occhiali sono alla moda e divertenti, e l'esperienza di acquisto è incredibile. Ordina 5 montature, e saranno spedite gratuitamente. Poi provateli, chiedete ai vostri amici come vi sembrano, sceglietene uno e rimandatelo indietro con la vostra ricetta. Pochi giorni dopo, i nuovi occhiali ricevono una frazione del prezzo al dettaglio. E mentre il prezzo parla certamente alla fastidiosa domanda che tutti coloro che indossano occhiali si pongono spesso (perché questo grumo di plastica è così costoso?), ha portato Warby Parker nel proprio segmento. Questi marchi creano abilmente momenti di esperienza del cliente che differiscono dalle tradizionali proposte di valore per i giocatori in aree altamente competitive. Il suo impegno va ben oltre il design, le caratteristiche e le capacità dei prodotti vendibili. Si basa su esperienze che promuovono un senso di comunità, curiosità e relazioni con gli acquirenti.

UN DILEMMA INDUSTRIALE

Questa serie di sfide colpisce le aziende con prodotti industriali che sono fabbricati e venduti per la loro utilità. Soprattutto, le persone che comprano tali beni vogliono che siano pratici e durevoli perché il cambio di tali beni è costoso. La maggior parte di noi non deve sostituire i SUV ogni anno. Non c'è bisogno di installare un forno ogni sei mesi o di dipingere il soggiorno secondo un calendario di 60 giorni. Alcune aziende come Dyson (aspirapolvere), Viking (stufa), Yeti (frigorifero), Harrys (rasoio), Benjamin Moore (colore), e Porcelanosa (piastrelle per pavimenti) sono chiamate ad utilizzare modelli estetici. Creare marchi che siano apprezzati è molto meglio delle proprietà del prodotto.

Poiché l'estetica d'uso è così essenziale per Dyson, abbiamo recentemente annunciato che non avremmo più sviluppato aspirapolvere a spina, ma avremmo concentrato i nostri sforzi innovativi sulla versatilità e la funzionalità dei dispositivi senza filo e dei robot. Molti di noi sanno che il cavo dell'aspirapolvere si avvolge intorno alle gambe del tavolo, viene risucchiato nella bocca dell'aspirapolvere e ci inciampa sopra. Fastidioso. Questo impedisce persino a molte persone che conosco di tirare fuori l'aspirapolvere dall'armadio, a meno che questo non sia essenziale per il loro benessere. Gli aspirapolvere senza filo e gli aspirapolvere robot, in combinazione con la potente tecnologia di aspirazione di Dyson (la prima funzione venduta, un aspirapolvere che non perde potenza di aspirazione), hanno beneficiato le persone e i proprietari di case che puliscono ovunque. L'azienda è davvero venuta in nostro soccorso e vuole una pulizia e manutenzione facile e veloce. Questo è l'epitome dell'empatia quando si crea un prodotto. Non perché sia facile per Dyson, ma perché sia facile e divertente per i clienti pulire.

La bellezza di Yeti è la capacità di rendere la solita borsa termica da campeggio, caccia e pesca un vero desiderio. Il prodotto è così efficace (gli orsi grizzly affamati non entrano nei cooler quando sono chiusi), e i clienti si vantano dell'azienda. Lei fa marketing per noi. Ma Yeti non si occupa veramente di borse frigo. Si tratta di proteggere la natura e la natura. Sulla sportività e la natura selvaggia. Questo marchio è stato fondato da Ryan e Roy Ciders, che volevano avviare un'azienda di canne da pesca. All'inizio è stata venduta a pescatori e cacciatori seri, un hobby che piace anche ai loro fratelli. Le cosiddette masse di gancio e palla utilizzano la funzione più rinfrescante quasi immediatamente per proteggere il loro contenuto e mantenerlo fresco e croccante per molto più tempo rispetto ai concorrenti dei leader del settore di lunga data come Coleman e Iglu.

Con i pezzi di ricambio, l'azienda aiuta anche i consumatori con il problema di inviare molti acquirenti di altri refrigeratori al negozio per fare una sostituzione completa. Sostituire un $ 500 più rilassato perché le parti diventano inutilizzabili non sembra adatto per le aziende che contano molto sulla fiducia dei consumatori. Il refrigeratore è progettato in modo che gli elementi fragili possano essere sostituiti rapidamente e facilmente. A casa, il cane mastica il [manico di corda] e informa il cliente invece di inviare un refrigeratore sostitutivo. Ehi, tira fuori il cacciavite a taglio, salta fuori e cade. Ryan ne manda uno nuovo. Ma la capacità di mantenere la birra e il pesce fresco per ore vale il prezzo dieci volte superiore (da 300 a 1.300 dollari contro i 25-150 dollari delle marche concorrenti)? No, la capacità dei fratelli di creare storie di marca autentiche è diventata più critica per il successo che la natura non distruttiva del prodotto. La storia ha aiutato a crescere in un'azienda da 450 milioni di dollari in meno di 20 anni.

L'ETICA DELL'ESTETICA

Come genitori di due adolescenti, siamo preoccupati per la tentazione di attaccarli ogni giorno. Una di queste è il fumo. Le tecnologie che sono superficialmente progettate per aiutare gli adulti a smettere di fumare sono prodotti e comportamenti che si sviluppano, soprattutto per gli adolescenti e i ragazzi per il loro divertimento. Juul è l'azienda più avanzata nelle aree di design, marketing ed esperienza. Anche il nome (pronunciato jewel) suggerisce qualcosa di prezioso e desiderabile, specialmente per i giovani. Tuttavia, il nome si riferisce anche ai joule, la quantità di energia necessaria per generare un watt di potenza al secondo. Prodotti come Apple e Thumb Drive sono offerti in diversi colori spot. Poi lo colleghi a una porta USB del tuo computer come una chiavetta e lo attivi.

L'estetica può fallire. Questo non perché il suo uso a livello sensoriale di base non è divertente o eccitante, ma perché l'estetica è deliberatamente ingannevole o fuorviante o è intesa ad attirare i clienti. Questo è noto come l'effetto cibo spazzatura. Questo prodotto può essere desiderabile e avere un buon sapore, ma non nutre il corpo e non lascia un retrogusto piacevole. C'è anche una forte affermazione che il cibo spazzatura ha un nome per una ragione. Peggio di una mancanza di nutrizione, mangiare con costanza nel tempo può influire sulla salute.

I capitalisti e gli imprenditori dovrebbero avere una coscienza. L'estetica è potente e può ritorcersi contro (e commerciale) in termini di reputazione se la vostra strategia di business è quella di trarne vantaggio. Un esempio è Juul, un'azienda che ora è in parte di proprietà del principale produttore di tabacco Altria. Nell'ottobre 2018, la FDA ha inaspettatamente preso d'assalto un ufficio a San Francisco e ha confiscato più di 1.000 documenti relativi al marketing, alle strategie di vendita e al design dei prodotti particolarmente attraenti per gli adolescenti e altri giovani. Questo è stato fatto per garantire che l'organizzazione rispetti i regolamenti federali per la vendita e la commercializzazione dei prodotti. Questo è preoccupante perché l'uso delle sigarette elettroniche tra gli adolescenti è aumentato con il declino del fumo tradizionale. Nel 2017, circa il 12% degli studenti e circa il 3% degli studenti delle scuole medie hanno usato le sigarette elettroniche, ma circa il 7,6% degli studenti ha fumato sigarette regolari. Juul ha avuto successo, ma quanto costa? E vuoi che il tuo tween adotti delle abitudini?

CAPITOLO 5

SINTONIZZARSI CON IL GUSTO

L'apprezzamento per lo stile e l'estetica non è innato. Deve essere sviluppato e raffinato nel tempo. E ci sono standard di qualità e bellezza. Solo perché non ti piace il vino di Bordeaux non significa che non sai distinguere il vino buono da quello cattivo. Si può. Più si impara ciò che è giusto, più lo si può apprezzare, anche se non si adatta al proprio hobby personale. Il modo più ovvio per capire come si evolve il gusto è studiare come la sensazione di un particolare cibo o bevanda cambia nel tempo. In questo capitolo, usiamo il gusto - il senso del gusto - come metafora del concetto di un gusto più ampio - la percezione dell'eccellenza estetica.

Mangiare è un'esperienza necessaria. Tutti lo fanno. Cosa influenza il gusto del cibo, non solo gli ingredienti, ma anche l'ambiente, gli atteggiamenti, i ricordi, le aspettative e la compagnia (il numero di pasti deliziosi che sono diventati digeribili quando il pasto conteneva compagni di cibo controversi)? Ce ne sono molti. Il gusto aumenta o diminuisce con l'esperienza nutrizionale. Capire come funziona è una finestra su come il gusto può essere sviluppato e migliorato nel senso più ampio delle parole.

Il gusto del cibo e delle bevande si forma tra il sistema nervoso sensoriale e diverse parti del cervello e, come la maggior parte delle altre funzioni nervose, viene migliorata e affinata l'attenzione, l'esercizio e l'esperienza. Storicamente, gli scienziati credevano che il sistema nervoso umano fosse fisso, e la neurogenesi (la crescita del tessuto nervoso) si fermava dopo lo stadio embrionale. Tuttavia, nella seconda metà del 20° secolo, i ricercatori hanno scoperto che i neuroni continuano a formarsi per tutta la vita, rimodellano il cervello e creano nuove connessioni attraverso l'esperienza, il concepimento e persino le sensazioni. Per esempio, alla maggior parte dei bambini piace mangiare il gelato, anche se non gli viene insegnato. La dolcezza, la ricchezza e la cremosità sono intrinsecamente divertenti.

Al contrario, ai bambini di solito non piace il gusto del caffè o dell'alcol. Tuttavia, queste bevande sono molto attraenti per molti adulti. Al contrario del gelato, sia il caffè che l'alcol acquistano gusto. Il suo piacere viene dall'esposizione e dalla coltivazione. Essi forniscono una chiara prova che il gusto cambia, e molti sapori si sviluppano e vengono appresi.

Alcuni esercizi e attività possono aiutare a promuovere e favorire lo sviluppo del gusto. Tuttavia, il primo passo è essere impegnati e pazienti. Il buon gusto si sviluppa nel tempo ed è influenzato da una varietà di fattori, solo alcuni dei quali possono essere controllati. Le preferenze personali sono modellate principalmente dal tempo e dal luogo, non solo dalle condizioni di vita ma anche da circostanze individuali come l'educazione e i valori familiari. Sono anche costituite dalla genetica. Per esempio, alcuni studi suggeriscono che i nostri geni determinano se preferiscono o meno il sapore del coriandolo.

IL SAPORE DEL CIBO - UN TROPO PER LA RAFFINATEZZA DELLA VITA

Quando pensiamo a come fare una dieta, impariamo la varietà dei gusti e come possiamo adattarci ad essi. Inutile dire come e perché ci allontaniamo dalle esperienze sensoriali. Allenarsi a diventarne più consapevoli è un passo importante (e di solito piacevole) nello sviluppo estetico. Gli esercizi e i principi qui descritti possono essere applicati anche ad altre attività sensoriali. Questi principi mostrano come funzionano specifiche esperienze artistiche, espressioni, codici e decisioni, perché alcune combinazioni funzionano bene e altre no.

Il concetto di "cibo delizioso" è fuorviante. Naturalmente, si sperimenta il cibo attraverso il gusto. Questa funzione biologica è il modo principale per riconoscere le sensazioni di dolce, salato, amaro, acido e umami. Sperimentiamo il cibo anche attraverso la nostra cultura, le aspettative del gusto, i ricordi del passato e le nuove informazioni e idee su ciò che mangiamo. Quando si comunicano informazioni sulla dieta, il gusto deve essere considerato non solo scientificamente, ma globalmente. Non è sufficiente raggiungere un consenso in una stanza piena di assaggiatori che una particolare esperienza culinaria sia desiderabile o indesiderabile. È essenziale comprendere tutti i fattori che promuovono la consapevolezza individuale.

EUGENETICA E APPREZZAMENTO

Infatti, il nostro DNA determina la maggior parte di ciò che gustiamo e se ci piace o non ci piace ciò che sentiamo. Gli studi dimostrano che dal 41 al 48% delle nostre preferenze alimentari sono genetiche. La lingua umana ha da 2.000 a 5.000 mila sapori. Tutti i sapori hanno da 50 a 100 recettori che elaborano cinque profili di gusto: dolce, salato, amaro, acido, umami (spesso indicato come salato). Il DNA determina il numero di recettori. In Asia, in Sud America e in alcune parti dell'Africa, l'85% della popolazione locale è un degustatore molto sensibile (soprattutto ai composti amari), mentre gli indigeni europei sono meno sensibili ai diversi gusti.

I ricercatori hanno anche scoperto che coloro che odiano i cibi sostanziosi hanno più sapore del solito. Cioè, il gusto si avvicina o supera i 5.000. Gli scienziati chiamano queste persone "super antipasti". Queste persone possono registrare le caratteristiche in modo molto più netto rispetto agli altri e spesso hanno un'apparente avversione per i cibi super-dolci, il caffè forte, le salse da barbecue grasse e piccanti e le birre al luppolo. Se un gene costituisce quasi la metà di alcune preferenze di gusto rispetto ad altri sapori, cosa determina l'altra metà? E come l'esperienza, l'esposizione e lo sforzo modellano l'altra metà?

ALTRI SENSI, ALTRE QUALITÀ

Tutti i nostri sensi cominciano a funzionare quando mangiamo. Vista, olfatto, tatto, gusto, suono: Sybil Kapoor, una scrittrice di cibo britannica e autrice di A New Way to Cook, sta guardando come il cibo stimola una varietà di sensazioni. `` La sensazione soffice della pelle della pesca, l'odore fresco del basilico, la scossa acuta. Nel suo libro, è essenziale riconoscere come la temperatura può cambiare il gusto del cibo. Lei suggerisce che il caffè ghiacciato non è amaro come il caffè caldo, in quanto risponde di più ai gusti amari come il caffè caldo. Cheese Monger vi dirà questo: Almeno un'ora dopo aver tolto dal frigorifero lo spicchio di cheddar o la forma di camembert, e potrete effettivamente sperimentare i sottili strati di sapore offerti dai vari formaggi. Raccomandato al dolce, al salato, alle noci, al latte, al prato, ecc.

Anche il modo in cui il cibo viene affettato il suo sapore. Le lastre spesse di roast beef sono carnose e gommose, mentre le fette di carta tagliate in grani di carne sono più morbide. Allo stesso modo, una fetta sottile di petto di tacchino del Ringraziamento è secca, fatta di carta, e insapore, mentre il petto intero è tagliato spesso e in diagonale, rendendolo succoso e burroso. Mentre si mordono i tocchetti di parmigiano, ci si può concentrare sulla consistenza granulosa invece che sulle noci salate.

Abbastanza di ciò che contempliamo la discriminazione è in realtà l'odore. Kapoor suggerisce di raccogliere foglie di alloro fresche, schiacciarle a mano e sentire le foglie danneggiate. Le inconfondibili essenze di erbe ricordano comodamente i piatti invernali e le zuppe abbondanti. Tuttavia, quando si assaggiano le foglie, si vede che sono molto amare e si sente peggio. Lo stesso vale per gli estratti di vaniglia. Ha un odore divino, ma berne un morso si rivela amaro e aspro. A molte persone piace l'odore dell'aglio schiacciato per salse e altri piatti, ma il gusto dell'aglio crudo è eccitante e pungente.

COSCIENZA ED ESSENZA

Il nostro DNA individuale ha a che fare con il modo in cui percepiamo e godiamo del gusto, ma la natura non è completamente controllata. Anche il modo in cui veniamo introdotti al cibo nelle nostre famiglie e comunità e i messaggi che riceviamo sul cibo che ci circonda fanno la differenza e superano i nostri pregiudizi naturali. Quando si prepara il cibo, i rituali di sbucciare, affettare, mescolare e soffriggere evocano una varietà di ricordi di casa, infanzia, romanticismo, divertimento, pasti consumati e riunioni. Le preferenze alimentari e di gusto sono strettamente legate all'esperienza personale: la sensazione, il gusto, l'odore e l'aspetto del cibo causano associazioni emotive forti e significative. Ho visto questo in termini di come la forma, la sottigliezza, la chiarezza e la qualità dei bicchieri da vino influenzano il gusto del vino.

CULTURA E RAFFINATEZZA

I nostri gusti continuano ad evolversi, in parte, attraverso l'introduzione di nuovi cibi e sapori multiculturali. Man mano che il mondo diventa più connesso, e le persone viaggiano e viaggiano più comodamente, le preferenze di sapore che una volta erano considerate locali sono cresciute, e la domanda di nuovi profili di sapore è aumentata. Secondo Cristle Kuhurst, un consulente dell'industria alimentare internazionale per una clinica di marketing con sede nel Regno Unito, molti paesi mantengono una cultura alimentare molto forte ma sono anche influenzati da influenze esterne.

Questo non è sorprendente per nessuno di noi. Provate a mangiare piatti nazionali e regionali. Puoi vedere che c'è molto dibattito accademico su dove è iniziato. "La pizza è nata a Napoli quando gli antichi greci ed egizi mangiavano tutti i condimenti senza pane che conosciamo? Tutti i piatti sono disponibili con cibo locale. È una fusione di genere, influenze esterne ed evoluzione storica, e questa evoluzione continua oggi: le influenze culturali come i film, la moda e i messaggi sulla salute influenzano ciò che mangiamo. Si sta evolvendo, non si sta facendo. Siamo tutti parte di questa evoluzione", dice Lukehurst.

Questa evoluzione spiega che i moderni adolescenti italiani preferiscono la birra all'americana al vino italiano. Il vino ha forti radici italiane e raramente scompare dal menu italiano. Tuttavia, le scelte degli adolescenti italiani sono influenzate da influenze culturali come la cultura pop americana, dice

Lukehurst. Lei. Gli adolescenti italiani bevono sempre più birra in situazioni in cui i loro genitori bevevano vino o acqua. Con la crescita della domanda di birra in stile americano in Italia, le aziende produttrici di birra hanno iniziato a muoversi per soddisfarla. "Può essere giusto dire che [i produttori di birra] stanno attivamente perseguendo il mercato degli adolescenti, ma sicuramente la domanda sarà soddisfatta". Ma i millennials e gli emergenti in molti paesi europei, la Generazione Z beve meno alcol, come la birra e il vino, rispetto all'insieme dei genitori. "Non hanno acquisito preferenze per l'alcol nei loro adolescenti e ventenni, e non sentono gli stessi bisogni che hanno visto nelle generazioni precedenti", dice Lukehurst.

In Cina, il caffè, una volta una bevanda quasi completamente diversa, rappresenta ora un mercato competitivo in rapida crescita. Anche le aziende nazionali partecipano attivamente alle grandi potenze statunitensi come Starbucks. Allo stesso modo, poiché i metodi di produzione della Cina sono diventati più sofisticati e le preferenze dei consumatori si sono ampliate, il mercato cinese delle patatine, una volta esistente, è cresciuto esponenzialmente negli ultimi due decenni. Un giocatore significativo nel mercato cinese delle patatine è noto per lo sviluppo di patatine dal sapore insolito con un tocco regionale (New England Lobster Roll, Cajun Spice, ecc.). Noi facciamo la stessa cosa in Cina, aggiungendo un sapore popolare alle patatine. Il durian è un frutto verde spinoso del sud-est asiatico.

Negli Stati Uniti, le tendenze alimentari dei ristoranti più cruciali per il 2018 includono sapori africani e peruviani, erbe rare come il probatico e la melissa, cibi etnici per la colazione come le uova strapazzate al chorizo e le frittelle al latte di cocco, il sambal, la salsa calda indonesiana e la jag, la salsa al coriandolo dello Yemen. Naturalmente, i produttori di cibo cambieranno il profilo di sapore di questi e altri cibi etnici per renderli più deliziosi o accessibili in mercati culturalmente diversi. Siamo stati a Roma, e conosciamo la differenza tra il sugo per la pasta che abbiamo preso in città e il sugo per gli spaghetti rossi che abbiamo ordinato in una pizzeria italo-americana. Il cibo che compri per le strade di Shanghai è molto diverso da quello che troverai in un buffet cinese o in un takeaway negli Stati Uniti del Midwest. Tuttavia, anche se questi cibi mancano dell'affidabilità del gusto, della consistenza e dell'aspetto, ci sono abbastanza marcatori o codici che possono essere identificati per inclinazione e un profilo di sapore riconoscibile.

RITORNO ALLA NATURA

L'informazione e l'educazione creano anche nuovi desideri per sapori e cibi diversi. Per esempio, la domanda dei consumatori per cibi locali più naturali e biologici, cioè che vanno dalle fattorie alle tavole, ha portato a una migliore comprensione dell'impatto dei cibi industriali sul nostro corpo ed è stata commercializzata come "naturale". Ciò che in realtà si assaggia, si vede e si sente naturale.

Il modo in cui gli alimenti vengono lavorati ha effetti su quali sapori desideriamo. Gli alimenti genuini o "interi" contengono quantità variabili di proteine, grassi, fibre, acqua e carboidrati (anche se i prodotti animali non lavorati non hanno carboidrati). Quando il cibo viene lavorato, questi ingredienti vengono modificati o cambiati in qualche modo: concentrati, aumentati o diminuiti. Il cibo preparato con zucchero e sale aggiunti crea dipendenza, e i produttori di cibo lo sanno. Hanno trovato un modo per bypassare i regolatori del corpo che ci dicono quando siamo pieni, smettere di mangiare, e invece aumentano il nostro desiderio di cibi principalmente zuccherati e salati. Questo ha cambiato il modo in cui interagiamo e rispondiamo ai sapori.

Molti di noi (ricordate, la maggior parte di noi non sono "supertasters") hanno bisogno di più di un gusto zuccherino e salato per soddisfare i loro desideri. E spesso non siamo soddisfatti finché non mangiamo più "porzioni" di un dato cibo - il risultato della manipolazione del cibo e del sapore.

Come molto è ora scritto su quanto zucchero e sale sono aggiunti agli alimenti trasformati, i consumatori hanno notato che queste aggiunte manipolare il cibo che bramano - e dicono che non gli piace. Ma funziona anche: la dolcezza del cibo è aumentata mentre altri sapori come l'amaro sono quasi scomparsi. Riscoprire sapori come l'amaro (Campari on rocks, insalata di rucola, rapini saltati) è un altro modo per risvegliare i nostri sensi e ampliare la percezione (e l'apprezzamento) dei vari gusti. Tutti i modi in cui sperimentiamo il cibo e il gusto, comprese le ipotesi su ciò che mangiamo, il gusto e come rispondiamo all'esperienza, sono informati da tutto ciò che ho appena discusso e da altri fattori. Il vostro umore, il tempo, il luogo in cui avevate fame, e con chi siete. Diverse circostanze sono incluse nel metodo di sviluppo del gusto, quindi è necessario assicurarsi che i fattori più critici siano riconosciuti.

GENTILE: FARE DEL BENE MENTRE SI FA UNO SPUNTINO

La storia di Daniel Lubetzky, il fondatore del cibo snack a base di frutta e noci "Kind", è istruttiva. Lubetzky, figlio di sopravvissuti all'Olocausto, ha fondato Kind nel 2004 per essere più gentile con il mondo sotto forma di snack sani. L'azienda ha proliferato. Dei circa 2.000 prodotti nella categoria delle barrette nutrizionali, sei dei primi dieci prodotti più venduti sono barrette tipo. In effetti, Kind è diventato il marchio di barrette energetiche e nutrizionali in più rapida crescita negli Stati Uniti. Nel 2017, Mars, la più grande azienda di snack del mondo, ha investito in Kind e ha valutato l'azienda a 4 miliardi di dollari.

Il successo di Kind si basa in parte sulla missione originale di Lubetzky di diffondere la gentilezza. Questo concetto non solo differenzia il marchio dai concorrenti tradizionali, ma aumenta anche la consapevolezza e accende un dialogo significativo con i consumatori. Una strategia è stata quella di distribuire carte di plastica ai dipendenti dell'azienda per premiare gli atti gentili.

Se vedono qualcuno impegnato in un atto gentile, come abbandonare un posto in metropolitana o aiutare gli anziani ad attraversare la strada, danno la carta a un delinquente. Successivamente, Kind ha inviato ai buoni samaritani due barrette Kind e un'altra carta per raccontare la gentilezza a qualcun altro. Chiamato "non-profit", l'azienda ha promesso migliaia di dollari per progetti generati dai clienti che ritornano alla comunità. Tuttavia, Kind si sta differenziando al di là dei messaggi e delle tattiche di marketing. Il pacchetto è progettato per la massima chiarezza con un involucro trasparente, in modo che i consumatori possano vedere gli ingredienti essenziali di noci e frutta secca e immaginare facilmente il gusto e la consistenza di ogni bar prima di masticarti.

Le varietà potevano anche approfittare del cambiamento delle abitudini alimentari degli americani. Non era solo la fortuna del marchio. L'idea era di usare l'estetica per aumentare la sensibilità dei clienti. Durante gli anni '90 e i primi anni 2000, le barrette energetiche e nutrizionali erano considerate un acquisto speciale e venivano vendute ampiamente agli atleti e a chi era a dieta. Attualmente, i clienti più comuni sono alla ricerca di spuntini sani e convenienti fatti con materiali reali e minimi, trasparenti ed etichettati senza l'uso di molti conservanti. Circa 27 milioni di americani hanno mangiato la barretta della salute nel 2013, creando prodotti con ingredienti naturali e creando confezioni e messaggi che ne valorizzano l'estetica. Non credo che Kind Bar sia molto più salutare di qualsiasi altra barretta snack - ha molto zucchero. Ma sono in qualche modo legati a parole che riflettono la salute pura e generale.

ESERCIZIO ESTETICO: L'ARTE E LA SCIENZA DEL NOTARE

È possibile allenarsi a essere più consapevoli di ciò che mangiamo o sperimentiamo in modo più ampio, e di come ci sentiamo riguardo a tali sensazioni e perché. Più vi fate coinvolgere dall'esperienza, più vi accorgerete in modo critico dei fattori chiave che rendono la vostra esperienza alimentare migliore o peggiore. Forse mangiate spesso fuori, ma quanto spesso prestate attenzione a tutti i dettagli? In una classe di Harvard, un insegnante assegnò agli studenti una recensione di un ristorante selezionò un ristorante e spiegò l'esperienza culinaria in modo che i lettori che non avevano mai mangiato al ristorante potessero sperimentare un pasto in quel ristorante. Li hanno incoraggiati a concentrare le loro valutazioni sugli elementi più precisi e degni di nota nel modo più chiaro possibile. I loro studenti hanno imparato quanto hanno notato durante l'esperienza culinaria, quanto era corretto il locale in particolare (ed era sbagliato), e come gli stimoli non gustativi (qualità dell'illuminazione, ventilazione, suono, ecc.) La percezione del cibo ha sorpreso come si sono formati.

CAPITOLO 6

INTERPRETARE (E REINTERPRETARE) LO STILE PERSONALE

Nel capitolo precedente, abbiamo parlato del gusto nel contesto del cibo e del sapore. Ma l'estetica è gratitudine per tutti i sensi, e l'intelligenza estetica è capire come e perché una sensazione provoca certe emozioni, emozioni piacevoli, attraverso tutte le forme di stimolazione. In questo capitolo, vogliamo conoscere le cose personali e parlare di come iniziare il processo coltivando ed esprimendo la propria estetica, a seconda dell'aspetto e dello stile, individualmente cosa e come indossare.

Dopo tutto, il buon gusto viene dall'interno, e quelle che noi chiamiamo le "4 C": chiarezza, coerenza, creatività e fiducia mostrano lo stile giusto. Il vostro aspetto mostra un chiaro senso di chi siete, cosa vi interessa e come il vostro io interiore è collegato al vostro personaggio esterno? Gli altri vi associano ad alcuni marcatori di stile o di moda coerenti o "codici" secondo le precedenti discussioni sul marchio? La creatività si trova nell'unicità del codice. Sono marcatori identificabili? E il vostro sistema più robusto è unico, originale e memorabile? Lavorare verso queste C non solo aiuterà a rafforzare la vostra immagine, ma creerà anche un prezioso set di abilità per costruire l'interesse del business.

Molte persone considerano la "moda" come frivola o generosa. Capire cosa indossare è spesso considerato un "problema del primo mondo" e sembra trascurare coloro che non possono permettersi di investire molto denaro nel guardaroba. Le persone più alla moda non sono quelle che hanno soldi. In qualche modo, la ricchezza estrema riduce la capacità di modificare le scelte, fare compromessi ponderati e mantenere la disciplina. Questi sono i tre elementi essenziali dello stile giusto. La nostra preoccupazione riguardo allo stile è l'idea sbagliata che siamo limitati a specifici cluster sociali - per esempio, un fashionista ventenne che vive in una zona cosmopolita. Noi guardiamo persone di tutti i segmenti socio-economici e di tutte le culture, giovani e vecchi, uomini e donne che sono interessati al loro aspetto e si presentano in modo unico ed emozionante.

Gli esseri umani hanno un impulso intrinseco a decorarsi in qualche modo, dai tatuaggi e piercing ai gioielli e tessuti colorati. Lo facciamo non solo per compiacere noi stessi ma anche per ottenere l'attenzione degli altri. Le decorazioni di tutte le forme ci differenziano, esprimono le nostre idee di bellezza attraverso gli esseri umani e simboleggiano il bisogno di affermare il nostro status e ciò a cui miriamo. Ha una lunga storia. Nel 2004, delle perle di conchiglia sono state dissotterrate da quattro siti in Marocco. Questi siti sembrano confermare che i primi esseri umani indossavano gioielli simbolici già 80.000 anni fa. Queste perle si sono aggiunte a scoperte archeologiche simili che risalgono a 110.000 anni fa in Algeria, Marocco, Israele e Sudafrica, confermando che queste sono le forme più antiche di ornamenti personali, e ornamenti propri ereditati. Ciò dimostra che c'è una tradizione comune attraverso la cultura per migliaia di anni.

SINTONIA DELL'INTELLIGENZA ALL'INTERNO DELLO STILE

La sintonizzazione con un'altra persona è quando si può comunicare senza dire una parola ed essere comunque compresi dalle espressioni facciali, dalle espressioni del viso, dagli ammiccamenti o dall'innalzamento delle sopracciglia. Mentre ci mettiamo in posa nelle lezioni di yoga, mentre facciamo jogging nel parco e sfogliamo una libreria, quando siamo completamente coinvolti, ci concentriamo su ciò che stiamo facendo in quel momento. Siamo adattati a quelle esperienze. Nel cibo, la sintonizzazione è la capacità di identificare gli strati di gusto in un piatto e valutare come il vino che si beve influenza il gusto del cibo e l'atmosfera circostante (illuminazione, impostazione del tavolo, musica, ecc.). -Influisce sull'esperienza culinaria complessiva. Nello stile personale e nella moda, la sintonia deriva dal prestare attenzione a come i diversi metodi, come il colore, il tessuto e la vestibilità, ti fanno sentire.

Oggi parliamo spesso di "nel momento" o "pienamente cosciente" e spieghiamo la sintonia. Per esempio, se siete sdraiati sulla spiaggia in una calda giornata estiva, potete sentire il calore del sole sulla vostra pelle e la sabbia ruvida sui vostri piedi. Si può anche sentire l'odore del sale marino nell'aria. La maggior parte delle persone sperimenta queste sensazioni con piacere, ma alcune delle esperienze associate - come la sensazione di un costume da bagno stretto e bagnato o un morso di acqua di mare incurante - non sono affatto confortevoli. Più ci si abitua all'ambiente fisico e alle sue sensazioni, a come influenzano il corpo e a come ci si sente riguardo ai loro effetti, più forti sono le basi per sviluppare l'IA.

Come per gran parte dell'AI, il nostro corpo è una guida migliore della nostra mente quando si tratta di vedere gli effetti di tutte queste sensazioni. Il tabacco che cola dalle labbra o che viene pizzicato tra due dita era in realtà una dichiarazione di moda. La maggior parte delle persone non si godono la loro prima esperienza con la sigaretta. La differenza tra me e i tossicodipendenti è che resistono e alla fine sviluppano tutta una nuova serie di risposte emotive alle stesse sensazioni fisiche. In definitiva, bramano l'abitudine al fumo e la dipendenza dalla nicotina.

L'applicazione della sintonia con lo stile personale e la "moda" spesso inizia con una profonda comprensione del vostro corpo. Come volete che i vostri vestiti appaiano alla vostra organizzazione? Può determinare la forma e la silhouette della vostra scelta. Può anche indicare un particolare colore o modello (o la sua mancanza). Come volete che i vostri vestiti si sentano nel vostro corpo? Può guidarti nella scelta dei materiali, dei tessuti e della vestibilità. Le persone sono passate attraverso le loro fasi della moda alla ricerca di uno stile personale, ma tutte hanno contribuito da qualche parte a dove siamo finalmente approdati.

CODICI DI ABBIGLIAMENTO

I codici di abbigliamento esistono in quasi tutte le situazioni. Gli uffici hanno codici di abbigliamento (a volte istituzionalizzati attraverso il manuale del dipendente), le feste casual e formali ("cravatta nera") hanno codici di abbigliamento, e i matrimoni e i funerali hanno codici di abbigliamento. Spesso, questi codici sono stabiliti secondo convenzioni culturali o empatia contestuale. Per esempio, non si indossa un abito da sera scollato a un funerale o un abito bianco a un matrimonio (a meno che tu non sia una sposa).

I codici della moda funzionano in modo simile a come funzionano i codici dei marchi. La maggior parte di noi indossa completi o versioni moderne di completi (giacche, camicie, pantaloni o gonne) negli uffici aziendali, e nei fine settimana indossiamo abiti sportivi (magliette o maglioni, pantaloni), e cosa pensare (colori amplificati), scintillante o frizzante, più accessori) quando si partecipa a un evento formale. I diversi approcci al vestire possono essere divisi in due gruppi: uniformi e costumi. Se guardate un uomo in un completo, è ovvio che sta facendo del lavoro amministrativo. Si potrebbe pensare che sia un "impiegato d'ufficio" o un "manager". Le uniformi sono indossate ogni giorno e sono coerenti e prevedibili, anche con diversi colori di cravatte e scarpe. I costumi funzionano per migliorare i codici di abbigliamento stabiliti esternamente, ma in generale, compromettono i sistemi personali e gli stili individuali.

Anche gli outfit del fine settimana tendono a cadere in una categoria uniforme. Qualunque cosa tu faccia per fare affari il sabato mattina, non ti sembrerà comodo da indossare al consiglio. Ma ci sono differenze nell'abbigliamento del fine settimana - codici riconoscibili di status (più avanti su questo) e personalità. Le persone che indossano polo Brooks Brothers e cachi implicano che sono diverse da quelle che indossano T di gruppo rock and roll e jeans strappati provenienti da negozi di abbigliamento di seconda mano. I costumi possono essere indossati il sabato sera, ma possono cambiare radicalmente di volta in volta in quanto i singoli eventi sono i nostri `` momenti pavone" e mostrano la nostra personalità, i nostri desideri e i nostri talenti.

Infrangere il dress code è un modo per trasmettere aspetti del proprio talento e della propria personalità. L'architetto Peter Marino, che progetta la maggior parte delle boutique di Chanel, Louis Vuitton e Dior nel mondo, descrive il suo lavoro quotidiano come un "architetto di pelle". Se lo si guardasse e non si sapesse che è un rispettato designer d'interni, grazie al suo abbigliamento in pelle e ai numerosi tatuaggi, si troverebbe una scena da bar in pelle degli anni '80 nel West Side di Manhattan Sarebbe un antenato di Questo è proprio il suo metodo preferito. Infatti, si riferisce alla prospettiva "esca". Ha rotto il codice del look dell'architetto: semplice, discreto e tradizionale. Da Frank Lloyd Wright a Frank Gehry, il suo codice di abbigliamento è sostanzialmente invariato.

CULTURA, STATO E STILE

Le preferenze personali non si sviluppano nel vuoto. Alcune di esse (e sia le antipatie che i gusti) derivano dall'ambiente in cui si è cresciuti, da ciò che si è osservato durante la crescita e lo sviluppo, dalle sfide che si affrontano e da ciò che si deve risolvere. Provengono da un problema che non deve essere, alcuni aspetti dello stile provengono dal tempo in cui viviamo, come l'influenza della tecnologia e dei media, e alcuni provengono da dettagli geografici. Se non si adatta al proprio stile, si può rifiutare l'impatto culturale del tempo e del luogo. I migliori metodi personali non seguono la tendenza e non sono interessati ad essere "alla moda".

Sappiamo anche che l'abbigliamento è stato a lungo utilizzato per differenziare lo status e il potere delle diverse persone e per migliorare la differenziazione di classe in molte culture del mondo. Prima della democratizzazione della moda negli ultimi decenni e il passaggio a un look più omogeneo e casual, la scelta dell'abbigliamento come mezzo per saltare la classe sociale. Se vieni dal livello più basso e hai comprato un bel vestito, puoi fingere di essere via per una società professionale. Dice il famigerato (e attualmente in riabilitazione) truffatore Frank Abanale Jr, ritratto da Leonardo DiCaprio nel film del 2002 "Catch Me If You Can".

Alla fine del XIII secolo, la rappresentazione della ricchezza attraverso l'abbigliamento divenne comune in Europa, e i luoghi della vita umana potevano essere facilmente identificati dal loro abbigliamento. L'abbigliamento significa background, cultura, moralità, ricchezza, potere. Dal XIX all'inizio del XX secolo, i pantaloni di cotone, le salopette e le magliette erano riservati ai lavoratori, ma oggi i ricchi sono volutamente strappati (e molto costosi). Appare spesso nei blue jeans e nelle costose e sottilissime t-shirt di cotone. Gli estranei che non hanno familiarità con il codice della moda moderna possono guardare tali vestiti e non pensare a uno dei motori della società. I tatuaggi erano una volta uno stato di abitanti della costa e uno stato di gangster motociclisti. Sono molto famosi tra le attrici, le madri di calcio e gli architetti che li hanno visti. I tatuaggi proibiti e non nascosti occupano spesso il centro del tappeto rosso come "accessorio" per gli attraenti abiti da sera.

Nell'antica Cina, il giallo significava centro e terra, e solo all'imperatore era permesso indossarlo. Grandi strati di turbante e abiti fatti di tessuti costosi ed essenziali erano riservati ai nobili in Africa, governata dagli Hausa. In Giappone, si raccontavano storie sullo status sociale di chi lo indossava, a seconda del colore, della trama, dello stile, della dimensione e della durezza del kimono.

COME GUARDARE I VESTITI

Se prendi sul serio lo sviluppo del tuo stile personale (o vuoi migliorare o cambiare il tuo look attuale), devi guardare i tuoi vestiti e provarli. Vivilo in modo sensuale. La stilista Kay Unger dice: "Se lo porti nello spogliatoio, non devi comprarlo". L'unico requisito per provare i vestiti è indossare biancheria intima appropriata. I vestiti hanno un aspetto molto diverso sulle grucce e sul corpo umano. Sembrano molto diversi anche in un corpo umano, senza abiti essenziali per adattarsi ai contorni. L'abito strutturato richiede una base per appendere e adattarsi correttamente. "Il più grande suggerimento è quello di non avere paura di uscire dagli schemi", dice Unger. "Trovate la firma. È un dettaglio chiaro e riconoscibile del tuo stile", dice. "Era una spilla per Madeleine Albright. Michelle Obama senza maniche ha accettato, e la cintura era la sua meravigliosa firma". La firma è un percorso accessibile per lo stile personale. Anche se si deve indossare un abito ogni giorno al lavoro, i professionisti possono firmare. "Indossate un abito colorato", dice Unger. "O se ti sembra di dover indossare un completo nero o blu scuro, devi indossare camicette e camicie colorate.

CAPITOLO 7

L'ARTE DELLA CURATELA

➤ **RIPRISTINARE L'ARMONIA E L'EQUILIBRIO**

Curation è una delle parole che la gente spesso usa senza sapere esattamente cosa significhi - il termine associato al trattamento o al restauro del nome. Quando curate la vostra attività, non solo eliminate le cose che non funzionano (e che distraggono o danneggiano) ma mettete anche le cose che funzionano comodamente e con successo. Curare o curare non significa solo ridurre o rimuovere. Significa anche assemblare ciò che rimane in modo divertente. Nel contesto del business dell'estetica, la curation ripristina l'armonia e la bellezza di un prodotto, servizio, campagna o design del negozio. In questo capitolo, vedremo come influenzare le scelte che fai ai tuoi clienti, come l'esperienza di disegnare nello spazio influenza la tua linea di fondo, e infine, come affinare le tue abilità di curation, Esplora il processo di curation Uno spazio personale unico che riflette le tue preferenze e valori puramente, usando un processo che può essere applicato al tuo business.

Il marchio italiano esterno Moncler è stata fondata nel 1952 da René Ramillon. Il nome deriva dall'origine dei Monestiers Clermont, una città nelle Alpi vicino a Grenoble. I primi prodotti includevano sacchi a pelo trapuntati e tende. Il primo piumino o felpa con cappuccio dell'azienda fu introdotto nel 1954 e fu concepito come un modo per proteggere gli operai dal freddo. L'alpinista francese Lionel Terrey vide il potenziale e aiutò a sviluppare la sua esperienza di esplorazione. Lo stesso anno, la giacca è stata utilizzata quando la squadra italiana ha scalato il K2. Nel 1968, Moncler è stato utilizzato dalla squadra francese di sci alle Olimpiadi invernali di Grenoble. Efficace contro gli elementi, l'aspetto della prima felpa con cappuccio sembrava una borsa senza forma. A metà degli anni '90, il marchio stava lottando finanziariamente e superato da altre linee esterne di primo piano, come l'high-end Prada e il più conveniente sport-end North Face. L'azienda era malata e aveva bisogno di cure.

Nel 2003, il marchio è stato acquisito dal direttore creativo e imprenditore italiano Remorphini. Morphine proveniva da una lunga e famosa linea di produttori tessili e imprenditori italiani. A quel tempo, il fatturato dell'azienda era solo circa 60 milioni di dollari, un'emorragia di denaro. Sotto la guida e la cura di Rufini, il marchio è cresciuto da un semplice piumino d'oca in scatola a quello che i francesi chiamano la doudoune chic (giacca chic), italiano, il-piumino di Lusso. L'ha fatto. Nel 2008, Carlyle Group, una società di private equity, ha acquisito il 48% della società ed è diventato il più grande azionista. Come amministratore delegato di Carlyle, entra nel consiglio di amministrazione dell'azienda quell'anno (e rimane nel consiglio fino al 2010). Ha l'obiettivo di aiutare l'azienda a entrare in Nord America e in altri mercati non europei.

Nel 2013, la società è stata quotata alla Borsa di Milano. Carlyle ha venduto le sue azioni nel corso degli anni, generando uno dei migliori rendimenti della società dai suoi fondi europei. Oggi, Moncler impiega più di 1.000 lavoratori e causa quasi 2 miliardi di dollari all'anno. E 'anche il primo marchio outerwear per dimostrare l'autorità della moda.

Quindi, come ha fatto Rufini ad usare l'estetica per curare l'azienda? Ha mantenuto una finitura e un dettaglio di alta
110

qualità. Tuttavia, ha modernizzato lo stile del prodotto e ha incorporato componenti high-tech più alla moda. Ha anche ampliato la linea di prodotti (stivali, cappelli, maglioni, ecc.) senza mai buttare via il suo prodotto principale, Parker. Collaborazioni inaspettate con designer famosi come Thom Browne, Junya Watanabe e Giambattista Valli hanno aggiunto vitalità e moda alla linea. Sfilate calde tenute in luoghi inaspettati (per esempio, modelle in posa lungo l'impalcatura del Chelsea sea head a Manhattan, flash mob di modelle alla Grand Central Station, pattinatori sul ghiaccio intorno al Walman Rink a Central Park)) ha portato una straordinaria copertura editoriale e il posizionamento della collezione come un marchio di alta qualità ma all'avanguardia. Il rollout dei negozi al dettaglio (oggi, ci sono più di 200 luoghi significativi in tutto il mondo) non è avvenuto da un giorno all'altro.

Diversi libri affrontano il problema del "sovraccarico di scelta", dove i consumatori impiegano troppo tempo per fare, decidere e prendere decisioni. Nel libro The Paradox of Choice, Barry Schwartz mostra che troppe scelte sono dannose per il benessere psicologico ed emotivo. Inoltre, è più probabile che i clienti rinuncino a cercare di fare una scelta, il che può avere un impatto negativo sulle entrate del vostro business. Sono spesso frustrati dalla loro scelta (e dal marchio) se riescono a decidere.

Allo stesso modo, la professoressa Sina Eienger della Columbia Business School si è concentrata sulla ricerca di modi per aiutare i consumatori a fare scelte migliori. In molti modi, le sue raccomandazioni riflettono il processo di curatela. Questo è particolarmente vero in caso di sovraccarico di scelta. Uno dei suoi studi ha esaminato il modo in cui le persone prendono decisioni di risparmio per la pensione, in particolare come il numero di fondi del piano di pensionamento influenza il potenziale di risparmio futuro. Se nel piano erano previsti solo due fondi, il tasso di partecipazione era di circa il 75%. Nel piano a 50 fondi, la partecipazione scendeva a circa il 60%. Più scelte ci sono, più è probabile che le persone rinuncino a cercare di deciderne una e mettano tutti i soldi in un conto del mercato monetario, ha scoperto Iyengar. Questa non è una decisione saggia in termini di sicurezza finanziaria futura.

Come per la maggior parte delle competenze, è necessario praticare la curation per acquisire veramente le competenze. Senza una vera pratica, probabilmente non ci arriverete. Si può imparare molto sulla curation e sulle storie estetiche convincenti attraverso il processo di interior design o come comporre uno spazio in base alle preferenze e ai bisogni personali. Anche coloro che stanno organizzando opzioni di piani pensionistici per i loro dipendenti possono trarne beneficio. Il potere dell'intelligenza estetica è più evidente nei prodotti e servizi di consumo, ma può anche essere un elemento di differenziazione significativo per le aziende di servizi professionali.

CURATION, OPPORTUNITÀ E LA MORTE (E RINASCITA) DEI GRANDI MAGAZZINI

I proprietari di grandi magazzini progettano sempre spazi con il cliente in mente. Ma recentemente, l'estetica dei grandi magazzini tradizionali ha perso il suo vantaggio. Secondo l'U.S. Census Bureau, i formati di vendita al dettaglio sono diminuiti per decenni, con una quota di vendite al dettaglio scesa dal 5,54% nel 1998 all'1,58% nel 2017, rendendo la riprogettazione dell'esperienza di acquisto un imperativo commerciale. I consumatori oggi raramente considerano la visita a un grande magazzino locale come una caccia al tesoro. Non sono interessati a soffermarsi e navigare. Non hanno il lusso nel processo di scoperta e sorpresa. Ora vogliono quello che vogliono e non tollerano molto le lunghe attese e la notizia che le loro taglie sono esaurite. L'idea è quella di ottenere ciò che vogliono e uscire. La cura del vecchio modello e il tradizionale servizio clienti sono meno importanti. I rivenditori digitali come Amazon e Wayfair continuano a sviluppare e perfezionare algoritmi che danno priorità alla convenienza del consumatore e alle scelte di acquisto predittive, curando le loro esperienze così come i reparti dei negozi fisici sono sotto pressione. Offrire ai clienti.

Fortunatamente, c'è ancora un modo per i grandi magazzini (e altri negozi fisici) di avere successo: fornendo ai clienti una ragione importante per entrare nello spazio fisico, offrendo meno scelte ma migliori, ecc. Incoraggiarli a spendere soldi? Hanno anche bisogno di dare una prospettiva più energica su chi sono e a cosa servono (e che tipo di clienti vogliono raggiungere). Presentare una prospettiva unica non soddisfa tutti, ma non è il punto ma risuonerà con i clienti più fedeli. I rivenditori estetici devono anche fornire un servizio eccezionale. Devono essere seri nel servire gli altri e investire nell'assunzione e nello sviluppo di personale con conoscenze e know-how. Tutto questo deriva dall'intento e dalla necessità di creare esperienze avanzate profonde e coinvolgenti che non possono essere facilmente replicate in altri negozi e certamente non possono essere replicate online. I rivenditori offline devono trovare il modo di essere più agili e portare freschezza e sorpresa agli acquirenti. Per farlo, dare la priorità a interventi curatoriali strutturali e a metriche più significative come la durata, l'impegno e la memoria, e cercare le vendite più vecchie e di maggior successo, come le vendite per piede quadrato, i tassi di conversione al dettaglio e le vendite medie per ordine. Ha bisogno di un suggerimento difficile di buttare fuori gli indicatori-rapporto tra l'esperienza in-store, le decisioni di acquisto, la soddisfazione del prodotto, e la tendenza a tornare.

CURANDO LE ESPERIENZE

Cambiare frequentemente i prodotti e ridurre le scelte sono due strategie promettenti per il successo della vendita al dettaglio. Un'altra è quella di creare un ambiente incantevole che fornisca intrattenimento e illuminazione. Alcuni negozi offline preferiti sono 10 Corso Como, Dover Street Market e ABC Carpet & Home. I primi due hanno sedi accuratamente selezionate in tutto il mondo. Il terzo ha sede a New York City. Ognuno ha successo attraverso una curatela attenta. Vende molte delle stesse categorie di prodotti e marchi dei grandi negozi come Bloomingdale's e Barneys New York, ma li vende in un modo che rende lo shopping divertente, eccitante, memorabile e desiderabile. Inoltre, piuttosto che creare un'enciclopedia-come un negozio online o offrire in modo così completo come un grande magazzino tradizionale, la curation di offerte basate su sensibilità specifiche permette ai clienti di scegliere Più facile da fare. Non forniscono tutto a tutti. Si concentrano su un tipo distinto di cliente e offrono solo le opzioni migliori.

È interessante notare che Bloomingdale negli anni '80 e Barneys negli anni '90 offrivano un'esperienza di shopping altrettanto eccitante. Tuttavia, nessuno dei negozi aveva merce esclusiva o display fantasiosi decenni fa. Inizialmente, non era possibile mantenere la qualità della "destinazione".

10 Corso Como ha sede a Milano, Seoul, Pechino, Shanghai e New York. Nel 1990, l'ex redattore di moda di Vogue Italia, Cala Sozzani, la definì una ``storia virtuale'', con un focus su gallerie d'arte e librerie. Stabilito. Ci si sente come una rivista vivace che respira, con opzioni editoriali identificabili o curation in cibo, moda, arte, musica, lifestyle e design. Un acquirente o un visitatore impara, capisce e visualizza gli oggetti nel contesto. I clienti usano il prodotto in questo modo a casa. Si consiglia di toccare, tenere in mano e provare. Anche la curatela dei prodotti offerti è unica: internazionale, spesso artigianale e fatta a mano. Non mostra gli stessi offerti da altri grandi magazzini. Non solo è speciale e piacevole camminare per il negozio, ma non si può trovare lo stesso prodotto su Amazon usando il proprio

smartphone. Evita il cosiddetto effetto showroom che ha danneggiato i rivenditori tradizionali negli ultimi anni. Inoltre, tutta questa sorpresa estetica si ottiene in circa 25.000 piedi quadrati. Questo è circa il 20% della dimensione tipica dei grandi magazzini.

Dover Street Market presenta allo stesso modo marchi e idee in forma narrativa. L'esposizione è vivace e originale. Raccontano storie di prodotti, dei loro designer e dei potenziali clienti. Il fondatore Kawakubo Re ha detto ai giornalisti. "Vogliamo creare una specie di mercato dove i creatori di diversi campi si riuniscono e si incontrano in una bella atmosfera caotica. Una visione personale".

In una zona del negozio di Londra, i cappelli sono su una pila di sedie da banchetto che si sovrappongono l'una sull'altra, creando un effetto quasi di legno come una scultura. Si estrae un coperchio da uno dei "rami" della sedia per provarlo. Il Nike Shop, un negozio nel negozio, è organizzato ed esposto in modo unico. Naturalmente, è possibile acquistare online l'abbigliamento da allenamento Nike, ma con l'ingegnosità di Dover Street Market, i clienti saranno in grado di acquistare sul posto. Lo shopping Nike è ancora più esperienziale perché può raddoppiare come spazio per eventi.

Dover Street Market rompe molte regole locali per i display. Si differenzia dal modo tradizionale di caricare un cappello su una pila di sedie a caso o dai corridoi formati da rastrelliere per abiti che sono onnipresenti nella maggior parte dei reparti, combinando una varietà di merci impilate e sospese. Negozi che usano molte strategie espositive inaspettate, come la creazione di corridoi attraverso strutture espositive. Il risultato è un'esperienza di esplorazione unica combinata con un set di prodotti unico che riflette sia l'estetica del negozio, sia le aspirazioni del cliente, sia la fame di novità e sorpresa per la convenienza e lo shopping "senza attrito".

TUTTO È PERSONALE

Il processo di curare il tuo spazio personale ti aiuterà a prepararti a prendere migliori decisioni di cura nel tuo business. Come tutti i muscoli, le abilità curatoriali si sviluppano attraverso l'esercizio. Inoltre, una volta che avete un forte senso dello stile personale - la chiarezza e la precisione di ciò che vi fa sentire bene e vi fa sentire inadeguati nella vostra vita - potete applicare la comprensione e l'identificazione al vostro business. Con la giusta curatela, potete costruire la fiducia con i vostri clienti.

Quando si progetta e si gestisce una casa, un ufficio, uno spazio di vendita al dettaglio o un prodotto, è necessario tenere a mente gli utenti. Come è stato detto, più si capisce come usare lo spazio (o come vestirsi e vestire), più si può entrare in empatia con gli altri. Nel design d'interni, bisogna considerare chi occupa lo spazio e come lo usa. Quando usi effettivamente uno spazio, devi curare gli elementi di design e gli oggetti che metti nello spazio. Metteteli giù. Come ti piace vivere e sentirti nello spazio? Non essere troppo pericoloso. Niente è così sgradevole come uno spazio strettamente teso. L'umorismo porta sollievo a buon mercato. Aiuta a rilassarsi e a connettersi. È una parte essenziale per trasmettere molti tipi di messaggi, specialmente nei progetti che includono design sofisticati. Jonathan Adler ha costruito un business basato su questa idea, incorporando figurine stravaganti e motivi ironici nei suoi prodotti.

ESERCIZIO ESTETICO: TAVOLA D'UMORE

Come suggerito in precedenza, i mood board sono uno strumento utile per iniziare il processo di curation. Una serie di immagini, materiali, texture, testo e altri spunti visivi destinati a catturare uno stile, un concetto o una sensazione e a impostare la direzione creativa per un particolare progetto o idea. Il mood board ha tre poteri. (1) Imporre scelte e compromessi. In particolare, quali elementi includere sulla lavagna, e non quelli ugualmente importanti. (2) Bisogna studiare e sperimentare il posizionamento relativo dei componenti sulla lavagna. In altre parole, determinano come i pezzi si combinano per formare una storia coesa e convincente. (3) Fornite una piattaforma che colleghi gli elementi visivi e di altro tipo con le emozioni che state cercando di richiamare.

Il primo passo nella curation è quello di raccogliere sempre idee e ispirazioni sotto forma di immagini, parole, texture e materiali. Questo ci dà un quadro preciso di ciò che ci piace e di come i componenti interagiscono per creare storie e messaggi. L'editing, il secondo passo, è spesso molto più difficile. Decidere quali voci tenere o quali saltare. Il terzo passo è legato al posizionamento. Dove si colloca ogni input, contestualmente, in relazione ad altri fattori?

Il potere del mood board sta nel modo in cui combina tutto, non solo le immagini che selezioni. Piuttosto che fare affidamento solo su foto e immagini di repertorio, usa le vecchie foto per cercare le texture (catene di metallo e maglie di sisal, campioni di vernice, piccole lastre di pietra, ecc.) Non essere legato alla coerenza. Cerca il contrasto e le dimensioni. Come funzionano gli opposti l'uno con l'altro? Quando cominci a metterne uno accanto all'altro, potresti scoprire che hai bisogno di modificarlo ulteriormente. Alcune scelte sono state eliminate, e molte idee sono state modificate e raffinate. Ciò che fa funzionare un mood board è un editing ponderato e una giustapposizione significativa che racconta una buona storia, trasmette un messaggio chiaro e suscita forti emozioni.

CAPITOLO 8

ARTICOLAZIONE DELL'ARTE

Supponiamo di avere un risultato che attrae diversi sensi. Uno è ben progettato e pertinente allo scopo. Un prodotto giusto che soddisfa i criteri estetici descritti a questo punto (codice robusto, attivazione multisensoriale, cura intelligente) non dovrebbe stare su uno scaffale e aspettare di essere trovato. I clienti e le parti interessate (membri del team, venditori) hanno bisogno di vedere, sentire, sperimentare e capire rapidamente e facilmente il codice e altre forme di comunicazione, apprezzare intuitivamente i loro benefici e le loro risorse e spendere con entusiasmo. Questo si ottiene con l'articolazione.

Un'articolazione, una delle abilità critiche che facilitano la cattura e l'accettazione, articola e articola la strategia estetica e gli ideali del prodotto (inclusi i benefici) attraverso le parole, lo storytelling, e/o altre forme di comunicazione-abilità di trasmettere. Le articolazioni sono fatte da impressioni visive, ma anche dal marketing e dalla messaggistica. Ognuno ha una sensazione estetica.

Come notato in tutto questo libro, un buon design è fondamentale per il successo di qualsiasi prodotto o servizio. Tuttavia, il modello più comune per l'articolazione, un "concept brief", è importante quanto il prodotto o servizio stesso. Questo documento è una guida per scrittori, artisti visivi, designer, merchandiser e altri per pianificare e produrre un lavoro creativo sulla cura del prodotto. Definisce il target dei consumatori e fornisce i progetti per raggiungerli. Tutte le parti devono capire i briefing creativi. Il personale interno deve sapere come usarlo, e i consumatori devono apprezzare il linguaggio riassuntivo - una guida "interna" con uno scopo "esterno".

Il dipartimento artistico può creare questi brief, ma spesso il compito viene lasciato nelle mani del dirigente responsabile del processo, idealmente il CEO. I migliori leader non delegano queste attività agli astanti. Infatti, sono investiti e hanno familiarità con la direzione creativa del loro business, come fanno nelle funzioni analitiche, finanziarie e operative. Si ritiene che Steve Jobs dia valore all'estetica e al design dei prodotti Apple tanto quanto alle caratteristiche e alle strategie di vendita, ma il suo approccio pragmatico è ancora considerato un outlier. Come ho discusso qui, la separazione tra "business mind" e "creative mind" è più fattibile che mai. A questo scopo, è prescritto che tutti gli specialisti, non solo i "creativi", spieghino brevemente la strategia estetica del prodotto. In questo capitolo, scaveremo più a fondo con alcuni esempi di come alcuni leader hanno iniziato a regolare il business dell'estetica e il business dei profitti.

IL VALORE DELLE PAROLE

La priorità della chiarezza estetica è la specificità. È essenziale per comunicare il vostro scopo, dare significato al vostro prodotto ed evocare forti emozioni positive. E i team possono capire, duplicare, migliorare ed eseguire le loro visioni. La specificità non solo garantisce l'accuratezza dell'espressione, ma crea anche una connessione più unica, potente e memorabile con il prodotto o servizio. A questo scopo, ogni parola che si sceglie per descrivere un marchio o un prodotto è essenziale. L'ambiguità non è accettabile. Per esempio, parole come bello, gustoso e morbido sono aggettivi comuni, mentre parole come dinoccolato, salato e gelatinoso rappresentano le informazioni in modo preciso e chiaro. Le parole che scegliete dovrebbero ricordare la vostra esperienza con il prodotto (o servizio).

Tim Lomas, specialista in psicologia positiva e lessicografia interculturale all'Università di East London, dice che molte parole trasmettono una particolare esperienza emotiva in diverse lingue che non hanno un equivalente inglese. Egli ritiene che l'apprendimento di questa conoscenza migliorerà la comprensione delle sfumature dell'esperienza umana. Se è così, imparare nuovi modi di descrivere le esperienze umane aiuta a individuare quelle esperienze e a metterle in relazione con i prodotti.

Lomas dice che la prima volta che ha imparato la parola finlandese sisu, che è una determinazione eccezionale di fronte alle avversità, è stato ispirato dalla ricerca di parole che non hanno un equivalente nativo inglese. I finlandesi dicono che parole inglesi come "griglia", "pazienza" e "resilienza" non giustificano la profonda forza interiore che il sisu trasmette quando viene usato dai doppiatori. Altre parole nella lista lessicografica di Lomas includono l'arabo, uno stato di estasi indotta dalla musica. Yuan at (cinese), perfetto e completo senso di realizzazione. Sukha (sanscrito), vera felicità permanente, indipendentemente dalla situazione. E longing, un forte desiderio per un altro essere, anche se non può essere raggiunto. Il sito Lomas contiene molte altre parole intraducibili.

Per ogni parola (o frase) che usi, rispondi alle seguenti domande per determinare la scelta corretta:

> ➤ **DESCRIVI IL TUO PRODOTTO IN MODO TALE CHE QUALCUN ALTRO IMMAGINI LA TUA STESSA IMMAGINE?** Siete accurati? Per esempio, il tessuto caratteristico di Burberry non si chiama "plaid". I tartan abbronzati, neri e rossi sono conosciuti come "quadri da mercato del fieno". KFC non dice che il pollo fritto è "delizioso" ma significa "leccare un dito". Inoltre, l'originale KFC rappresenta il pollo fritto del Kentucky, non il pollo fritto del sud. Perché è importante? Il fondatore Harland Sanders voleva differenziare il suo ristorante da tutti i suoi concorrenti del sud. A quel tempo, i prodotti del Kentucky erano esotici ed evocavano un eccezionale stile di ospitalità del sud.

➤ **LE PAROLE SONO "POSSEDIBILI"?** In altre parole, possono identificarsi rapidamente e unicamente con il vostro prodotto? Per esempio, quando si sente la frase "il posto più felice della terra", si pensa a Disneyland. Quando vedi la tagline, "Just do it", pensi a Nike. Lo stesso vale per il "fino all'ultima goccia" di Maxwell House Coffee. Ancora più potente del "possedere" l'espressione è la capacità di possedere le parole. IBM ha storicamente portato la parola THINK. Oggi, Google "possiede" la parola ricerca.

Un'attenta selezione di parole promuoverà anche la desiderabilità (e la vendita) di singoli prodotti. Per esempio, McDonald's non vende solo hamburger tradizionali e panini per la colazione. Vendo Big Mac e Egg McMuffin. Allo stesso modo, i gusti di Ben & Jerry sono gusti "possedibili", come cherry Garcia, chunky monkey, coffee toffee crunch, piuttosto che la descrizione generale di cioccolato, vaniglia, fragola, ecc. Nei cosmetici, il blush rosa pesca più venduto di Narus si chiama "orgasmo". Lanciato nel 1999, questo prodotto è stato un successo fin dall'inizio. Diciamo che i clienti si sono innamorati del nome tanto quanto della tonalità. L'ultimo profumo di Tom Ford non è solo favoloso ma anche fottutamente favoloso. Si vende bene a 804 dollari per 250ml. Quale donna al mondo non vorrebbe essere così considerata dal suo affetto?

Per stabilire le parole giuste per descrivere la tua azienda o il tuo prodotto, devi capire il tuo pubblico. Cosa provano prima di incontrare il tuo prodotto? Cosa dicono a se stessi sulla qualità che può avere il tuo prodotto e sui benefici che può offrire? Descrivi l'esperienza emotiva che vuoi fornire al prodotto. Cosa vuoi che i clienti provino quando interagiscono con il tuo prodotto? Cosa volete che si ricordino?

➢ **LA LINGUA CHE VOLETE USARE È CENTRALE O ACCESSORIA ALL'ESPERIENZA CHE VOLETE FORNIRE?** In molti casi, quando si scriveva una dissertazione, gli studenti scrivevano una descrizione completa sulla pagina, ma valeva la pena prestare attenzione solo ad alcuni di essi. (Si noti che ha dovuto segnare più di 100 tesi, quindi era particolarmente frustrato dagli sforzi esterni). L'espressione estetica non è solo una comunicazione accurata, ma anche robusta e attraente. È un'espressione tipica e memorabile. Boilerplate, boilerplate, e il discorso commerciale non promuovono il vostro caso.

Per esempio, considerate che la maggior parte delle compagnie via cavo sono famose per suscitare emozioni positive attraverso la comunicazione. Per esempio, se visitate il sito web di Xfinity, vedrete riferimenti dettagliati ma divertenti ai pacchetti di abbonamento basati su caratteristiche come i download Mbps, il numero di canali e i prezzi. Questo sito è pieno di dati ma manca di voce e personalità. L'azienda sembra vedere i clienti come acquirenti di servizi meccanici, piuttosto che persone reali in cerca di opzioni di intrattenimento. Non sorprende che Comcast abbia storicamente avuto la peggiore soddisfazione dei clienti di qualsiasi azienda o ente governativo statunitense. Nel 2014, è stata nominata "The Worst Company in the United States" da The Consumerist, un blog di consumatori ormai obsoleto. Nel 2016, Comcast ha pagato una multa di 2,3 milioni di dollari per risolvere un'indagine federale su un reclamo che aggiungeva tasse alle bollette dei clienti, tra cui servizi non ordinati, scatole e videoregistratori digitali. 2017, J. Sia D. Power che il sito di notizie finanziarie 24/7 Wall Street hanno nominato Comcast la peggiore azienda degli Stati Uniti.

➤ **LA TUA PAROLA MANTIENE IL TONO GENERALE CHE VUOI DARE AL TUO PRODOTTO E ALLA TUA AZIENDA?** Vuoi esaltare il valore della tua azienda, non solo i suoi attributi e l'estetica del prodotto? Considera l'inno nazionale del produttore di frigoriferi Yeti. Qualche chilometro dopo l'ultimo semaforo. Quello che è lì è che sei accanto allo spirito ribelle che scommette la verità e va un miglio oltre. Come te, credono che ovunque tu voglia essere, nessun luogo è troppo lontano. "Queste parole rafforzano l'idea che fanno prodotti che possono essere usati tutti i giorni, possono resistere alle aggressioni e alle condizioni climatiche difficili, e si prendono cura delle persone con ampi confini fisici ed emotivi. Il tono corrisponde all'intento estetico del prodotto.

PERCHÉ SEI QUI? L'ANEDDOTO

La narrazione, al di là delle singole parole, definisce frasi che includono la narrazione, la storia, le tradizioni (e i miti) aziendali, i principi fondanti, le ragioni dell'esistenza, le istruzioni e le indicazioni. Recentemente, la maggior parte delle aziende e dei siti web dei prodotti hanno una sezione "About".

La gente vuole sapere con chi sta facendo affari. Per le aziende con una lunga eredità, come Tiffany e Chanel, la storia e le tradizioni sono una parte essenziale dello storytelling, per stabilire credibilità e fiducia, e per passare le informazioni alla generazione successiva. Che sarebbe la madre o la nonna.

La rilevanza è importante anche per un marchio affermato. Ecco perché il sito web di Tiffany ha una sezione sulla sostenibilità e sulle pratiche estrattive responsabili. Che siate d'accordo o meno con l'iniziativa di sostenibilità, l'azienda è ancora profondamente consapevole dei problemi che circondano l'approvvigionamento e la lavorazione dei diamanti. Al contrario, aziende come Sears / Kmart hanno molta eredità e hanno dimostrato di essere incapaci di comunicare rilevanza ai loro clienti. Chi sentirebbe davvero la loro mancanza quando Sears e Kumart scomparissero completamente? Se non puoi mostrare perché il tuo prodotto o la tua azienda ha bisogno di esistere, sei destinato a scomparire. Inoltre, poche persone notano o si preoccupano quando spariscono.

Per le nuove aziende, una narrazione convincente, specialmente nel settore maturo, sta rimodellando ciò che i consumatori vogliono comprare e creando una domanda che prima non esisteva. Questo si ottiene enfatizzando le differenze chiave dai prodotti esistenti, il valore superiore rispetto a ciò che è disponibile, e i benefici unici che i consumatori non possono ottenere altrove. Naturalmente, una nuova azienda ci attirerà con novità e giocosità, o con tecnologia e stile sofisticati. Questo è un tributo alla sua novità. In questo modo, l'innovazione può essere presentata come un vantaggio (nuovo ed eccitante) piuttosto che negativo (nuovo e non testato).

IMMAGINA QUESTO

L'aspetto è importante, specialmente se le immagini in miniatura sullo schermo del computer sono probabilmente le prime ad essere viste quando il cliente incontra il prodotto. Più che mai, le immagini e le confezioni che scegliete per valorizzare il vostro prodotto, tra cui illustrazioni e foto reali, loghi, imballaggi e materiali di marketing, devono essere rafforzate, duplicate e adattate. Il prodotto stesso come le parole e le immagini, i toni e le texture, gli stati d'animo e le personalità, devono lavorare insieme senza soluzione di continuità.

Le immagini che scegliete riflettono la personalità e la missione della vostra azienda? Gli spunti visivi e le immagini mostrano creatività, si sentono autentici e mostrano ciò che il marchio si aspetta? Inoltre, tutte le informazioni visive devono entrare in risonanza con il pubblico target. Se il divertimento è un'emozione fondamentale associata al vostro marchio, le immagini delle persone trasmettono questa emozione? I colori utilizzati sono divertenti? La confezione esalta la giocosità? Virgin è un buon esempio. Loghi come la firma dell'azienda sembrano quelli del fondatore Richard Branson graffitati su un tovagliolo. È la tua faccia tagliente, come la personalità audace, rustica e sì, divertente di Branson. Anche Nickelodeon, una rete televisiva, si sente bene, grazie al carattere tipografico simile a un palloncino impostato su uno splatter arancione. L'arancione in sé è un colore divertente, combinato con una forma giocosa, è davvero vivace.

Anche le immagini e gli spunti visivi devono essere coerenti. In questo modo, come la parola scelta, è posseduta e associata al tuo marchio. Deve abbracciare tutti i punti di contatto, compresi i siti web, le pubblicità, i display nei negozi e i post sui social media.

È UN INVOLUCRO

Il design del packaging ha un impatto visivo immediato sui consumatori. In sostanza, è un'esperienza multisensoriale. In un nuovo campo di ricerca chiamato "neuro design", il packaging si distingue dalla folla, come contribuisce alla fedeltà alla marca, e come gli esseri umani possono suscitare determinati comportamenti ed emozioni dei consumatori. Cerca di capire cosa può essere usato per la funzione del cervello.

Alcuni dei prodotti più esteticamente piacevoli sono confezionati in contenitori di loro bellezza, separati dal prodotto stesso, e incoraggiano i consumatori a conservare e riutilizzare o mostrare la confezione. Questo una volta era vero per un piccolo numero di articoli, come le bottiglie di profumo e a volte le bottiglie di sake, ma ora include cose come i portacandele di vetro, i contenitori per il trucco e i pomodori in scatola. Quando i prodotti originali sono vuoti, ognuno di essi può essere usato per qualsiasi altra cosa, come deposito o display. Per esempio, Natasha Roller, un'organizzatrice di eventi con sede in Virginia, ha ordinato appositamente pomodori Bianco di Napoli in Italia per utilizzare lattine attraenti e ben progettate come contenitori per fiori.

Il packaging deve raccontare la storia, e deve essere fatto rapidamente. La prima impressione è essenziale. Deve provocare una risposta emotiva positiva nei consumatori. Inoltre, se ci sono prodotti venduti da molte altre aziende, competono con loro sia per lo spazio sugli scaffali che per l'attenzione. Un packaging sufficiente aiuta a trasmettere i benefici del prodotto, il valore e le differenze rispetto alle altre opzioni in un mercato affollato. Soprattutto, può suscitare e rafforzare le emozioni essenziali.

Il colore è essenziale. Gli studi dimostrano che quasi il 90% delle decisioni istantanee prese sui prodotti si basano esclusivamente sul colore. Circa l'80% dei consumatori crede che il colore aumenta la consapevolezza del marchio. Colori specifici, come il nero, evocano il dramma e si applicano accuratamente ai marchi di moda come Chanel e Gucci. Il blu indica affidabilità ed è usato efficacemente da American Express e Ford Motor Company. I verdi sono "naturali" e ringiovaniscono. È chiaro dagli effetti su Starbucks e Whole Foods.

BELLEZZA ARTICOLATA

I prodotti di bellezza sono spesso all'avanguardia nel design e nel packaging. Dopo tutto, nel mondo del trucco, delle creme idratanti e dei mascara, la concorrenza è feroce, e una particolare marca raramente monopolizza gli ingredienti e le formulazioni dei prodotti. Le aziende hanno bisogno di innovare continuamente sia i prodotti che le confezioni per attirare l'attenzione di acquirenti, redattori di bellezza e consumatori. Le espressioni esplicite del prodotto sono particolarmente importanti, poiché i clienti di bellezza tendono ad essere fedeli. Se ne trovi uno che funziona, non è facile cambiare marcia e provare qualcosa di nuovo che non funziona. Molti clienti (soprattutto giovani) tendono a provare e sostituire i prodotti di bellezza ogni volta che cambiano maglietta, ma i sostenitori a lungo termine portano il maggior valore alle aziende cosmetiche.

Non è che questi giocatori standard non provino cose nuove. Siamo sempre alla ricerca di qualcosa che funzioni meglio, che abbia un odore migliore e che sia più divertente. Il prodotto originale significa che bisogna avere la certezza che vale la pena investire per provarlo. Alcune marche ottengono questo attraverso il campionamento e i tester di prodotti in negozio.

Altri hanno guadagnato attenzione e fiducia attraverso altre risorse, come caratteristiche e materiali di alta qualità (cioè, pelle invece di plastica, cristallo invece di vetro, e ottone invece di metallo). L'aspetto e lo stile delle persone che lavorano dietro il bancone. La pulizia dell'esposizione, l'ordine, la coerenza.

Nel caso del marchio di skincare Philosophy, la sua introduzione sul mercato è stata inaspettata, e il suo successo ha sorpreso l'industria. Abbiamo cercato dei consumatori che non sono il tipico mercato di riferimento per i beauty addicted e i produttori di prodotti di bellezza. Cristina Carlino ha fondato Philosophy nel 1996 dopo aver sviluppato un'altra linea di cosmetici di successo chiamata Bio Medic, venduta attraverso gli studi di medici e chirurghi estetici.

ARTICOLARE L'ESPERIENZA CULINARIA

Nix, il ristorante vegetariano di New York, offre un banchetto a due posti in stile rotaia sul muro di fronte al ristorante, oppure ci si può sedere a un lungo tavolo d'acero blu indaco indipendente dietro la casa Tu. Barre di sughero, piante verdi in vaso e pareti scandinave imbiancate creano un'atmosfera estiva anche in mezzo ai miseri e freddi inverni newyorkesi. James Truman, che un tempo dirigeva riviste come Vogue, Glamor e GQ come caporedattore di Condé Nast, è un innovatore di primo piano nel concetto di spazio e di ristorante, esprimendo abilmente un'estetica chic e sana allo stesso tempo. Accoglienza calorosa e rinfrescante in centro.

Prima di aprire il ristorante, Truman ha pensato mesi con il suo chef, pioniere della cucina incentrata sulle verdure, John Fraser, e l'architetto Elizabeth Roberts, che ha mescolato l'estetica moderna con elementi di design tradizionali. Nulla è sfuggito agli occhi del team. I dettagli del colore della boiacca usata nel bagno e il taglio e la vestibilità del grembiule del personale di peso sono stati scrutati. "Come redattore, sono arrivato al processo di design pensando più alle storie, non alla pura estetica. Cos'è un racconto complessivo, e le decisioni di design come un modo per stabilire e migliorare quella storia? "Dice Truman.

"Alcune delle prime conversazioni ribaltano la percezione che i ristoranti vegetariani / vegani non siano divertenti, con appuntamenti o feste, ma piuttosto cupi, un luogo senza piacere. Non c'era motivo che un ristorante vegetariano avesse una tale atmosfera, se non per il suo precedente storico, che, logicamente, era una sorta di colpo di scena: perché non era necessario uccidere gli animali Il ristorante sembra un funerale, e la steakhouse una festa? Non ha senso. Inoltre non voleva che il ristorante avesse una direzione chiamata "Modello Brooklyn". "Pareti e pavimenti in legno grezzo, dettagli da campagna del 19° secolo, uniformi da cameriere di un vecchio film western.

"Era una dichiarazione sui valori reali, non urbani, da fattoria a tavola, ma era ovunque e cominciò a sembrare una posa da hipster poco dopo", sottolinea. "Allo stesso tempo, un nuovo modello di cucina innovativa veniva dalla Scandinavia, il cui design mostrava anche gli ingredienti, ma in modo molto riflessivo e architettonico". È interessante notare che questa ripetizione condivide il valore del design con il moderno design giapponese. Crede che questa sarà l'estetica di design dominante nei prossimi anni, specialmente per i piccoli ristoranti. "Le grandi sale sono state progettate pensando alla brasserie francese e a Las Vegas".

TRASPORTO ARTICOLATO

Vespa Scooter, J. D. Guadagna il 72,1% su tutti i 24 veicoli considerati nel premio annuale del valore di rivendita di Power. Cioè, fatta eccezione per i veicoli rari e da collezione, Vespa Scooter è più prezioso di qualsiasi altro veicolo sulla strada. Questo è sorprendente dato che non vanno molto veloci e non hanno nemmeno i cavalli di una moto Harley o Honda. Il successo di Vespa può essere dovuto alla sua unicità. "Vespa è un marchio di lusso", dice Chelsea Rammers, fondatore di Moto Richmond, Virginia, che vende scooter e moto per Vespa e altre marche. "La maggior parte dei marchi di lusso hanno concorrenza. Vespa non ha concorrenza".

Questo non è del tutto vero. Altre moto di lusso fatte da Honda e Yamaha sono più economiche e superano Vespa negli Stati Uniti. L'essenziale nuova Vespa, Primavera, costa circa $ 3.800 e non include tasse o spese di concessionario. Il modello più costoso, la 946 RED, costa $ 10.500, ma parte di quel costo va a un ente di beneficenza (RED) fondato dal cantante degli U2 Bono per combattere l'HIV e l'AIDS in Africa.

Eppure, nessun altro scooter ha lo stesso prestigio, reputazione o storia di Vespa. Se guardi i film italiani dagli anni '50 in poi, puoi vedere che il personaggio guida una Vespa. Infatti, quando vai a Roma e in altre città italiane, vedrai una fila di Vespe ordinatamente parcheggiate accanto al marciapiede. Non sono solo belle, ma anche molto funzionali per quanto riguarda le manovre nelle strette strade cittadine. Questo uso sia nella cultura popolare che nella vita reale ha portato all'inconsapevolezza collettiva. Vespa implica libertà, urbanità, raffinatezza, stile e divertimento.

Parte del fascino di uno scooter è il suo design attraente, che è fondamentalmente invariato. Hanno un aspetto quasi identico a quello di sempre. Il modello del 1946 era aerodinamico, e gli scooter di oggi hanno un aspetto un po' retrò ma non sembrano kitsch o fuori moda. Sono anche in metallo, ma i concorrenti hanno da tempo sostituito i materiali costosi con parti in plastica più economiche. Sono, in parole povere, oggetti belli e durano a lungo. La struttura della Vespa ha quello che viene chiamato un telaio monoscocca. Questo significa che la carrozzeria è un telaio. La maggior parte degli altri scooter ha un pannello della carrozzeria separato attaccato al telaio. Questa struttura è leggera e rigida. Il risultato è una guida molto fluida, una qualità attraente, soprattutto quando si naviga sull'asfalto urbano e sui ciottoli.

CHI CI GUADAGNA?

Oltre a rivendicare il valore del buon design, chiediamo considerazioni e discussioni più severe su chi soddisferemo e ispireremo con i nostri prodotti. Le preoccupazioni etiche sono chiaramente collegate. Poiché i consumatori vogliono sapere, ha senso pensare attentamente a ciò che facciamo e a come lo comunichiamo. E sono frustrati dalle aziende che non si preoccupano di loro. Secondo un sondaggio della compagnia di assicurazioni Aflac, circa il 92% dei millennial dice che è più probabile che compri prodotti di aziende etiche. Parte dell'impegno morale del marchio nei confronti dei consumatori (e del pianeta) è comunicare come i prodotti possono aiutare sia il "meglio" (ambientale o altre ragioni sociali) che l'acquirente. Questo approccio sta diventando sempre più importante man mano che ci spostiamo dal consumismo alla società dei consumi.

Il consumismo è iniziato dopo la seconda guerra mondiale e la nostra situazione economica, in quanto l'attività economica principale della persona media negli anni '70 è passata dal risparmio e dalla frutta alla spesa in beni e servizi e nel cappello. Come menzionato all'inizio di questo libro, il consumismo come stile di vita è gradualmente scemato dopo decenni di dominio costante. Molti ambienti sono accolti con dubbi e luci. La popolarità del movimento minimalista è un indicatore della sharing economy e della crescita di aziende basate sull'esperienza in risposta al desiderio delle persone di creare momenti e ricordi che durano tutta la vita. Diamo il benvenuto a questa transizione. Abbiamo troppe cose, e molte di quelle che ci mancano hanno significato, durata e arte.

CAPITOLO 9

IL FUTURO DELL'ESTETICA

Sembra che viviamo sempre più in due mondi. L'altro cerca interazioni incentrate sull'uomo, connessioni emotive ed esperienze che sono state sviluppate specialmente per noi come individui. I servizi digitali e la presenza digitale potrebbero presto sostituire il mio meccanico d'auto, il commercialista e il corriere, ma il mio parrucchiere, il massaggiatore e l'arredatore d'interni se ne saranno sicuramente andati (almeno per molto tempo). Questa suddivisione influisce sull'estetica, e l'estetica si evolve. I cambiamenti culturali e demografici continuano naturalmente a influenzare ciò che ci fa sentire belli e ciò che rifiutiamo come poco attraente e indesiderabile. Come abbiamo visto nell'ascesa dei social media, l'attività umana continua a concentrarsi su ciò che io chiamo REM: relazioni, esperienze e ricordi.

Il desiderio di connettersi intimamente, onestamente e personalmente con gli altri hanno rifiutato qualche forma di social media e segnalato un nuovo modo di fare dei millennials e di altri che sono stati segnati dall'immigrazione dalle cosiddette città superstar. Da New York e Los Angeles alle piccole città che potrebbero portare alla costruzione di comunità. "Abbiamo visto grandi focolai di città negli ultimi anni", ha detto Stephen Pedigo, uno specialista in business e sviluppo urbano, direttore dello Shack Institute of Real Estate alla New York University. "Il luogo contiene idee su ciò che le persone nelle comunità urbane vogliono, e le comunità piccole e suburbane stanno cercando di farlo di nuovo".

Questa migrazione può essere guidata dai progressi dell'economia (le aree metropolitane sono costose per vivere) e dalle tecnologie che permettono alle persone di lavorare fuori dall'area metropolitana, ma non molte. Le piccole città prosperano per ragioni creative guidate dall'uomo. L'estetica, non l'automazione, continuerà a sostenere e guidare la crescita di queste comunità creative. Questo significa che le persone ovunque, non solo nel cuore delle grandi città, trovano e si aspettano l'alto livello di estetica dei beni e dei servizi che vogliono e di cui hanno bisogno. Se non riesci a trovarli, creali. Molti imprenditori inizieranno imprese con un pieno e chiaro valore estetico. Man mano che le aziende esistenti potranno sviluppare l'intelligenza e le abilità artistiche dei loro dipendenti, sempre più persone potranno offrire l'esperienza olistica e umana che vogliono, si aspettano e richiedono.

LA CRISI AMBIENTALE

I consumatori sono consapevoli che non possono più accontentarsi dell'ambiente. Un modo per esercitare la responsabilità ambientale è fare attenzione ai prodotti che comprate. Usare il potere economico per guidare il cambiamento e rendere il mondo migliore o almeno meno tossico. Uno studio condotto da Cone / Porter Novelli sulla responsabilità sociale delle imprese (CSR) mostra che i consumatori sono interessati alla fabbricazione dei loro prodotti.

Di tutti i gruppi intervistati, i millennial hanno usato più spesso il passaparola e i social media per condividere informazioni sulle aziende che ritenevano responsabili dal punto di vista ambientale e sociale. Poiché i millennial diventano sempre più gruppi commerciali dominanti, le aziende devono prepararsi a garantire, promuovere e sostenere il loro impatto ambientale. E dato che i millennial sono scettici su strane affermazioni, devono essere così affidabili.

L'estetica può giocare un ruolo vitale in questa iniziativa creando una storia chiara e inequivocabile sulle politiche e le pratiche dell'azienda per la produzione verde, compreso l'uso innovativo di imballaggi riciclabili o riutilizzabili. Nestlé, un gigante alimentare internazionale, ha annunciato ad aprile 2018 che tutti gli imballaggi saranno riciclabili o riutilizzabili entro il 2025. Walmart e Werner & Mertz hanno fatto promesse simili. Organic Valley Packaging, un produttore di latte, è già riciclabile (o riutilizzabile). Patagonia, un'azienda di abbigliamento sportivo, si definisce "attivista" ed è specializzata nell'aiutare l'ambiente. Crediamo che il produttore di elettrodomestici di settima generazione abbia una missione sociale e ambientale simile. Aspettatevi un maggior numero di articoli artigianali in risposta all'interesse dei consumatori per un maggior numero di attività sociali ed ecologiche, sforzi di sostenibilità più significativi e prodotti con un minore impatto ambientale. Questo promuoverà un'esperienza più tattile.

L'ESPANSIONE DIGITALE E L'ESPERIENZA TATTILE

Espansione e diffusione di computer avanzati e dispositivi "intelligenti". Aumento dell'automazione nella maggior parte dei settori dell'automobile, della casa e della forza lavoro. L'accesso più economico e veloce a tutti i dati è il risultato di una tendenza di 40 anni, seguita da un modello di più di 40 anni. Alcune persone accolgono le esperienze e i prodotti ad alta tecnologia, mentre altri li rifiutano e danno un nuovo tocco al concetto di "digital divide". Non siamo nel mondo di ciò che abbiamo e ciò che non abbiamo, ma nel mondo di ciò che vogliamo e ciò che non vogliamo.

L'automazione sostituisce i posti di lavoro in molti settori, come le fattorie, i fast food, la guida e il lavoro d'ufficio. Tuttavia, nuovi posti vengono creati in industrie che richiedono creatività, originalità e un tocco umano (letteralmente fico). Nato, ecco perché l'intelligenza estetica, come l'arte, la scienza e la strategia aziendale, è così essenziale per il futuro del lavoro. Se non si hanno competenze artistiche, sia il mondo digitale che quello artigianale possono essere fuori portata. Il limite è che i computer possono creare e creeranno arte e musica. Tuttavia, crediamo che le persone continueranno a costruire in modi molto più avanzati ed eccitanti. Alcuni sono simili ai "privilegi umani". Molti preferiranno materiali creativi fatti da persone e mani e pagheranno di più per averli. I compiti associati alla costruzione e al mantenimento di relazioni interpersonali complesse, comprese le carriere come l'infermieristica, l'allenatore sportivo e la psicoterapia, sono ragionevolmente al sicuro dall'automazione. Anche qui, l'intelligenza estetica è necessaria poiché la concorrenza in questi settori aumenta per mantenere e migliorare la base di clienti dei servizi.

E con il miglioramento dell'automazione e dell'apprendimento informatico, le persone stanno cercando modi più creativi e personali per migliorare la qualità della vita. Questo richiede oggetti con migliori proprietà fisiche che offrano piacere sensoriale e riducano l'esposizione quasi costante alla piattezza di uno schermo bidimensionale. Il desiderio di suoni sempre più vibranti aiuta le aziende tecnologiche a creare esperienze di ascolto più realistiche. Vogliono anche più esperienze di musica dal vivo. C'è ancora più apprezzamento per i prodotti digitali che offrono un aroma/gusto/esperienza tattile migliorata e per i prodotti non digitali che forniscono una ricca esperienza sensoriale. Nella moda e nell'abbigliamento, le esperienze sensoriali possono effettivamente essere intessute nel tessuto. Considerate maglieria spessa e spessa o maglieria accanto a tessuti molto morbidi e morbidi e tessuti con media misti (per esempio, materiali imbottiti di piume e ricami in pelle e trapuntati).

Nel cibo, ingredienti insoliti e inaspettati (per esempio, gelati piccanti o salati, sapori ancora più intensi, più dolci, più pungenti e acidi) spingono i confini dell'innovazione culinaria, ma c'è anche un ritorno al "comfort eating". Offre una sensazione calda e nostalgica. Alcuni scelgono cibi dell'era spaziale come il Soilent, ma la maggior parte di noi vuole sperimentare una varietà di sensazioni e novità quando si riunisce per mangiare.

Nel frattempo, la tecnologia continua ad evolversi e a diventare parte dell'abbigliamento fitness high-tech e di altri indossabili, tracciando i passi, l'indice di massa corporea (BMI), le calorie bruciate e consumate, la pressione sanguigna e molto altro. La tecnologia influisce anche su cibi e bevande e porta a cibi più funzionali che possono migliorare la salute e l'umore. Recess, con sede nella Hudson Valley, è un precursore di questa tendenza. L'acqua è infusa con un estratto di canapa non tossico che si dice abbia proprietà analgesiche, ansiolitiche e antinfiammatorie. Le bevande contengono adattogeni, che riducono lo stress e migliorano la memoria, la concentrazione e l'immunità.

L'attenzione si concentra sul lavoro fisico pratico per raggiungere la forma fisica, in contrasto con l'allenamento high-tech come i massaggi, le nuove forme di yoga e altri esercizi mentali e fisici che migliorano l'esperienza sportiva. Il Death Metal Yoga è un eccellente esempio di una classe che include pestaggi, calci, aria condizionata, headbanging e sudorazione pesante. I centri fitness vengono anche costruiti più piccoli e più vicini ai clienti nelle zone rurali per diventare più personalizzati o di nicchia. Significa un piccolo centro per gruppi di popolazione vecchi e giovani. Transgender o quelli che servono certi gruppi religiosi.

Concentrarsi sulle piccole comunità e sui loro bisogni è un modo per la maggior parte delle aziende, non solo quelle di fitness, di diventare più competitive in aree affollate. I mercati di nicchia che servono diversi gruppi di età e desideri stanno diventando sempre più comuni, e le loro decisioni estetiche li distinguono. Per compensare la società spersonalizzata, i consumatori desiderano che la loro personalità sia riconosciuta, il che porterà al prossimo cambiamento.

SECESSIONE TRIBALE

Usare la parola secessione non significa che il paese sia diviso in nazioni più piccole. Tuttavia, può accadere, ma molti esperti di geopolitica e altri, come illustra la Brexit, e prevedono che sarà così. Eppure, abbiamo visto la rapida crescita della politica dell'identità, del tribalismo, del localismo, dell'attivismo e dello sfortunato terrorismo in risposta alla globalizzazione e come una minaccia alla cultura locale, alla lingua e allo stile di vita. Più che mai, le persone cercano di appartenere a gruppi che rappresentano emozioni reciproche, valori e obiettivi condivisi, e una causa comune o un ideale che esamina i sistemi di credenze. Queste forze sono guidate dai social media e possono minare sia la democrazia che la dittatura.

La crescita delle "tribù" è stata guidata dall'era dell'iper localismo (e dal rifiuto dell'armonia globale) e dal "micro dominante". "La scelta dello stile di vita che porterà alla creazione del marchio. I marchi che servono le micro-comunità (come le persone trans o di genere, i gruppi religiosi, i gruppi storicamente ignorati e trascurati) non sono l'autenticità, l'integrità e la trasformazione che i consumatori vogliono, ma non possono sempre farlo. Ridefinire la vendita al dettaglio creando e sperimentando prodotti creativi. Trovatelo ora. Il tribalismo è la forza più potente nel mondo di oggi. La comunità diventa tribale. I marchi formano tribù. Le grandi aziende sono tribù tribali.

Nel business, questo significa che i due desideri dei consumatori si verificano insieme. In primo luogo, vengono mostrati prodotti che si rivolgono a gruppi ID più piccoli e specifici. Alcuni prodotti trasmettono una sensazione di design globale misto che è influenzato dall'accesso a varie influenze culturali. L'amalgama e la fusione del patrimonio culturale creano nuovi gruppi e identità ibride come "tecniche tribali" e "industrial chic". La gente forma gruppi o "tribù" in altri modi in risposta alla paura della dura e imprevedibile realtà del mondo esterno. Dalle coperte accoglienti ai prodotti e servizi che si avvicinano alla sicurezza e creano fiducia e comfort, Coco continua ad essere necessario, insieme alla staffa, per sostenere tutto questo.

LINEE SFOCATE

Come è stato menzionato prima, le persone formeranno gruppi guidati da ideologie, interessi e credenze condivise, ma spesso i gruppi e i membri del gruppo si identificheranno al di fuori delle norme convenzionali. C'è già un offuscamento delle linee di confine tra maschio e femmina; etero e gay; bianco e nero; giovane e vecchio. Di conseguenza, sempre più marchi e categorie, una volta convenzionalmente divisi per genere o età, diventeranno unisex o offriranno articoli unisex e prodotti e servizi che si adattano all'età. Il marchio per bambini Primary offre prodotti di base come magliette, leggings, pantaloni, gonne e vestiti in colori solidi brillanti destinati ad essere indossati da tutti i bambini da zero a dodici anni; gli articoli convenzionali per ragazzi (pantaloni, T) e ragazze (vestiti, gonne) sono commercializzati per tutti i bambini. Il Phluid Project a SoHo a New York City potrebbe essere il primo spazio di vendita al dettaglio ufficialmente senza genere al mondo. Con i suoi tremila piedi quadrati, il luminoso negozio bianco con grandi finestre e soffitti alti è in parte spazio di vendita e in parte "piattaforma esperienziale", secondo il suo direttore dei contenuti, Jillian Brooks.

Il negozio, rivolto ai consumatori gender-nonconforming e gender-fluid, usa manichini personalizzati gender-free che mettono in mostra capi di base unisex di marchi come Levi's e Soul land, insieme a scelte più fashion-forward di Gypsy Sport, Skin graft, e il latex fetish-inspired di Meat. Il Phluid Project offre anche una propria linea di magliette e felpe con cappuccio, adornate con slogan, tra cui "Stronger together" e "One world". Parte della sua missione è l'accessibilità, quindi i prezzi sono generalmente inferiori ai 300 dollari. No Sesso ("no sex/gender" in italiano) è un altro marchio che ha portato l'idea di abbigliamento genderless in aree nuove e uniche con il suo uso di combinazioni di colori vibranti, metodi di legatura, cucitura e ricamo; maglieria irregolare; e tessuti ondulati o altamente sartoriali. I vestiti funzionano con varie forme del corpo (maschio/femmina, basso/alto, grande/piccolo) perché hanno caratteristiche convertibili o trasformabili. In altre parole, i clienti possono personalizzare l'abbigliamento in molti modi per soddisfare la loro forma e identità.

Forgiare connessioni umane positive è uno sforzo combinato e ha implicazioni di vasta portata. Se fatto bene, può portare a esperienze di marca più ricche. Ma l'onere è sui creatori di allineare le loro idee con motivi degni di essere vissuti personalmente e profondamente. Il consumatore moderno, non più spinto ad accumulare beni materiali, cerca profondità, autenticità e significato. Quindi, i marchi che resisteranno forniranno uno scopo - che si estende ben oltre i motivi commerciali, e che unisce e dà potere alle persone toccate dai loro prodotti o servizi. Alla fine, questo è ciò che veramente ed eternamente sfida, costringe e delizia i loro consumatori - ogni opportunità di prendersi cura e rispettarli non per il loro consumo ma per la loro umanità.

www.ingramcontent.com/pod-product-compliance
Lightning Source LLC
Chambersburg PA
CBHW060505030426
42337CB00015B/1753